HULIANWANG
JINRONG CHUANGXIN

互联网金融创新
—— 基于商业模式视角的经典案例研究

武艳杰　著

中山大学出版社
·广州·

版权所有　翻印必究

图书在版编目（CIP）数据

互联网金融创新：基于商业模式视角的经典案例研究/武艳杰著. —广州：中山大学出版社，2019.12

ISBN 978-7-306-06731-9

Ⅰ.①互… Ⅱ.①武… Ⅲ.①互联网络—应用—金融—案例 Ⅳ.①F830.49

中国版本图书馆 CIP 数据核字（2019）第 234842 号

出 版 人：王天琪
策划编辑：刘　冰　王　睿
责任编辑：王　睿
封面设计：曾　斌
责任校对：李先萍
责任技编：何雅涛
出版发行：中山大学出版社
电　　话：编辑部 020-84110771，84113349，84111997，84110779
　　　　　发行部 020-84111998，84111981，84111160
地　　址：广州市新港西路 135 号
邮　　编：510275　传　真：020-84036565
网　　址：http://www.zsup.com.cn　E-mail：zdcbs@mail.sysu.edu.cn
印 刷 者：虎彩印艺股份有限公司
规　　格：787mm×1092mm　1/16　10.125 印张　192 千字
版次印次：2019 年 12 月第 1 版　2019 年 12 月第 1 次印刷
定　　价：39.00 元

如发现本书因印装质量影响阅读，请与出版社发行部联系调换

前　言

互联网金融（ITFIN）是指传统金融机构与互联网企业利用互联网技术和信息通信技术实现资金融通、支付、投资和信息中介服务的新型金融业务模式。近年来，互联网金融发展迅猛，孕育了新的金融生态，是重要的金融创新。从传统金融机构到新型互联网公司纷纷快速布局并抢占市场，涌现了许多独角兽企业，阿里巴巴与蚂蚁金服、腾讯互联网金融平台、PPmoney 网贷、百度金融、京东金融、芝麻信用等，不一而足。互联网金融的野蛮生长为金融市场注入了空前的活力，同时也带来了前所未有的风险，对于其发展规律与内在逻辑的探索是一个崭新而有意义的课题。

《互联网金融创新——基于商业模式视角的经典案例研究》剖析了 8 个经典案例，涵盖了第三方支付、P2P、征信、供应链金融、消费信贷、共享经济等互联网金融发展的主要领域，聚焦于互联网金融塑造的新型商业模式。一方面，通过完整的案例信息，分行业、分领域地厘清其发展线索与逻辑，以图文并茂的形式，加深读者对互联网金融的全面认识；另一方面，通过对案例的高度提炼，结合金融学相关理论从学术性角度对互联网金融涌现出的新现象进行阐释，揭示了互联网金融领域的新变化、新趋势。

本书最终成稿得益于诸多学生所做的工作，包括夏思齐、李晓彤、申思杰、罗发良、罗江维、张模、袁小婷、王倩婷等，他们在案例素材搜集、数据处理等方面做了大量基础性工作。

本书既可用于教学，又可以作为互联网金融领域的重要科研参考资料，主要读者对象包括经济、金融、管理学等专业的大学高年级学生和研究生，互联网金融行业的骨干人员，互联网公司金融板块从业者，以及对新金融领域有兴趣的各类人士。

目 录

阿里巴巴与蚂蚁金服——阿里系互联网独角兽企业的崛起 ……… 1
1 阿里帝国的动力引擎与版图扩张 ……………………………… 2
　　1.1 高速引擎阿里云 …………………………………………… 2
　　1.2 跨界巨头泛娱乐 …………………………………………… 3
　　1.3 创新板块连接万物 ………………………………………… 4
2 阿里跨界竞争与蚂蚁金服的创立 ……………………………… 5
　　2.1 从电商支付工具到金融跨界竞争 ………………………… 5
　　　　2.1.1 基于商家信用数据和支付需求的萌芽 ……………… 5
　　　　2.1.2 由支付解决到"平台、金融、数据"的搭建 ……… 6
　　　　2.1.3 社交执念与关系链切入 ……………………………… 7
　　　　2.1.4 互联网技术利器助力与新金融转型升级 …………… 8
　　2.2 庞大金融冰山真貌：数据和征信 ………………………… 9
　　2.3 金融业务独立与蚂蚁金服帝国 …………………………… 11
3 蚂蚁金服业务拓展路径与创新机制 …………………………… 14
　　3.1 拓展路径——微创新开启金融多元化业务 ……………… 14
　　　　3.1.1 颠覆性金融产品设计与业务突围 …………………… 14
　　　　3.1.2 识别市场需求与精准激活长尾市场 ………………… 16
　　3.2 创新机制——场景化构建金融生态布局 ………………… 17
　　　　3.2.1 生活服务场景 ………………………………………… 18
　　　　3.2.2 O2O 场景 ……………………………………………… 19
　　　　3.2.3 社群场景 ……………………………………………… 19
　　　　3.2.4 新零售场景 …………………………………………… 20
4 争议与未来 ……………………………………………………… 21
　　4.1 支付与社交——支付宝之走向困局 ……………………… 21

  4.2 谁是帝国拥有者——阿里合伙人制度 ·················· 22
  4.3 多元价值的实现——蚂蚁金服的边界拓展 ············ 23
    4.3.1 普惠金融与社会责任 ······························ 23
    4.3.2 技术驱动与全球蓝海 ······························ 24

腾讯跨界竞争与互联网金融帝国缔造 ··························· 26

 1 腾讯——庞大帝国的成长路 ·································· 27
  1.1 1998—2000 年 QQ 初现雏形 ····························· 27
  1.2 2003 年推出互联网增值服务 ···························· 28
  1.3 2004 年进军网络游戏市场 ······························ 28
  1.4 2004 年同期发力媒体以及广告业务 ···················· 28
  1.5 2005 年布局 Web2.0，推出 Qzone ······················· 28
  1.6 2005 年开拓搜索业务及电子商务 ······················ 29
  1.7 2009 年开启 PC 产品移动化 ···························· 29
  1.8 2011 年生死关头推出微信 ······························ 29
  1.9 2014 年剥离长链业务专注核心业务，连接一切 ········ 30
 2 社交巨头——即时通信 ·· 31
  2.1 一代即时通信——QQ ··································· 31
  2.2 继承 QQ 的 "富二代"——微信 ························· 33
 3 跨界为王——崛起中的腾讯互联网金融帝国 ··················· 34
  3.1 从社交到支付的跨界竞争 ······························ 34
  3.2 倾力打造移动支付生态圈 ······························ 35
  3.3 从支付到金融的生态布局 ······························ 37
    3.3.1 微众银行＋微粒贷——造福长尾用户 ··········· 37
    3.3.2 保险——互联网保险行业对实体保险行业发起的冲击
       ·· 38
    3.3.3 腾讯证信——去中心化的证信方式探索 ········· 39
  3.4 腾讯金融布局之道——开山辟路，步步为营 ············ 40
 4 腾讯砥砺前行 ·· 41
  4.1 腾讯核心竞争力——基于社交信任的用户强关系链 ···· 41
  4.2 腾讯的 "拿来主义"——是抄袭还是微创新 ············ 42
  4.3 腾讯由内生增长至投资驱动的华丽转型 ················ 42

PayPal：全球网上支付霸主 ··································· 44

 1 PayPal 的发展史及并购史 ···································· 45

1.1 PayPal 的发展三阶段 ································ 45
1.1.1 阶段一：初期规模——"病毒式"扩张 ················ 45
1.1.2 阶段二：一枝独秀——依托 eBay 电商平台 ············ 45
1.1.3 阶段三：巨头的野心——专注于第三方支付 ············ 45
1.2 PayPal 的并购及业务拓展 ···························· 46
1.2.1 收购 VeriSign——开拓中小企业市场 ················ 46
1.2.2 收购 Bill Me Later——提供消费信贷服务 ············ 46
1.2.3 收购电子商务外包服务企业 GSI——为成熟企业提供电子商务解决方案 ································ 46
1.2.4 收购移动支付公司 Zong——移动支付应用 PayPal Here ································ 47
2 PayPal 专注于第三方支付的核心竞争力及支付模式 ·········· 47
2.1 PayPal 的收入模式分析 ······························ 47
2.1.1 PayPal 交易收入 ································ 47
2.1.2 Paypal 增值服务收入 ···························· 50
2.2 PayPal 的营利模式演变及背后的逻辑 ·················· 52
2.2.1 PayPal 营利模式的演变 ·························· 52
2.2.2 PayPal 营利模式背后的逻辑 ······················ 54
2.3 境内外互联网第三方支付行业对比 ······················ 55
2.3.1 境内外互联网支付行业格局不同 ···················· 55
2.3.2 境内外互联网支付行业营利模式不同 ················ 55
2.3.3 境内外互联网支付体系的生态不同 ·················· 55
3 PayPal 的业务挑战及未来展望 ···························· 56

PPmoney 网贷：打造华南地区 P2P 互联网金融之王 ········ 58
1 PPmoney 快速成长之路：从创立到行业的领军者 ············ 59
1.1 盛世新生，PPmoney 成风口金猴 ···················· 59
1.2 主攻蓝领，布局消费金融 ·························· 60
1.3 触网三农市场，依托"互联网＋信用三农"新模式 ······ 60
1.4 监管元年，角逐场上笑傲群雄 ······················ 61
2 PPmoney 的业务布局与营利版图 ························ 62
2.1 PPmoney 的业务板块 ······························ 62
2.1.1 消费金融——市场的广阔蓝海 ···················· 62
2.1.2 汽车金融——打造全国性车贷平台 ················ 63

2.1.3　三农金融——践行普惠金融理念 ································ 65
 2.2　PPmoney 的营利版图 ·· 66
 2.3　PPmoney 比肩群雄 ·· 67
  2.3.1　商业模式对比 ··· 67
  2.3.2　风控对比 ··· 69
3　耀眼明星——模式创新与风控火眼金睛 ·· 70
 3.1　模式创新：P2P 模式业务多元化 ··· 70
 3.2　严把合规建设，打造风控火眼金睛 ·· 71
4　PPmoney 直面挑战与面朝蓝海 ·· 72
 4.1　严守风控，做合规发展的标杆平台 ·· 72
 4.2　以科技创新，赴下一个十年之约 ·· 73

百度金融——度小满的金融科技生态成长路 ···································· 74
1　百度的互联网金融业务的发展历程 ··· 75
 1.1　百度金融业务的开展 ·· 75
 1.2　互联网业务的整合 ··· 75
 1.3　金融事业群组的拆分 ·· 75
2　搜索巨头的大数据和人工智能时代 ··· 77
3　搜索巨头的互联网金融产品之路 ·· 77
 3.1　基础金融服务工具构建的支付生态闭环 ·································· 77
  3.1.1　百度钱包构建的完整支付生态闭环 ······························· 77
  3.1.2　百度钱包竞争的优与劣 ·· 79
  3.1.3　百度钱包的未来 ··· 79
 3.2　财务管理系列产品与服务的缔造 ·· 80
  3.2.1　"有钱花"——人工智能和大数据风控的典型运用
   ··· 80
  3.2.2　"度小满理财"——多样化、多元化、定制化的理财
   服务 ·· 81
  3.2.3　百信银行——科技与大数据的双轮驱动下的智能普惠
   银行 ·· 82
 3.3　金融产品的多维度覆盖 ··· 83
  3.3.1　互联网保险业务——利用数据优势致力于解决保险产
   品同质化问题 ··· 83

3.3.2　互联网证券业务——利用大数据、人工智能为用户定
　　　　　制个性化投资策略 …………………………………………… 84
4　百度金融的战略构建 ………………………………………………………… 85
　4.1　与银行业的携手同行 …………………………………………………… 85
　　4.1.1　2017年6月与中国农业银行的合作 ………………………………… 85
　　4.1.2　2017年8月与中信银行的合作 ……………………………………… 86
　　4.1.3　2018年与中国农业银行的合作 ……………………………………… 87
　4.2　与保险、基金业的战略合作 …………………………………………… 87
　　4.2.1　与太平洋保险旗下的子公司太平洋财产保险公司的合作
　　　　　 ……………………………………………………………………… 87
　　4.2.2　2017年携手中国人寿成立投资基金 ………………………………… 88
　4.3　与其他金融公司的金融合作 …………………………………………… 88
　　4.3.1　2017年7月与PayPal合作提升跨境支付体验 ……………………… 88
　　4.3.2　百度作为技术服务商，搭建了区块链服务端BaaS，从
　　　　　而为百度引入了区块链技术 ……………………………………… 89
　4.4　北大光华·度小满金融科技联合实验室 ……………………………… 90
5　度小满金融未来的忧与思 …………………………………………………… 90
　5.1　度小满金融未来发展面临的压力 ……………………………………… 90
　5.2　度小满金融未来发展的方向 …………………………………………… 91

京东金融的版图扩张与战略转型 …………………………………………… 92
1　"一体两翼"与京东集团的持续扩张 ……………………………………… 92
　1.1　自营电商整合价值链 …………………………………………………… 93
　1.2　自建物流体系与用户黏性增强 ………………………………………… 93
　1.3　倾力打造互联网金融服务平台——京东金融 ………………………… 93
2　京东金融：打造特色金融体系 ……………………………………………… 95
　2.1　"金融+互联网"布局生态系统 ………………………………………… 95
　2.2　多管齐下完善金融场景 ………………………………………………… 96
　　2.2.1　消费金融 ……………………………………………………………… 96
　　2.2.2　支付业务 ……………………………………………………………… 98
　　2.2.3　财富管理 ……………………………………………………………… 98
　　2.2.4　众筹业务 ……………………………………………………………… 100
　2.3　科技赋能提升核心竞争力 ……………………………………………… 101
3　京东供应链金融与多方共赢 ………………………………………………… 102

  3.1 京东供应链金融版本进阶 …………………………………… 102
    3.1.1 供应链金融1.0版本：银企合作 …………………… 102
    3.1.2 供应链金融2.0版本：自有资金 …………………… 102
  3.2 京东供应链金融产品线分析 ………………………………… 103
    3.2.1 京保贝 …………………………………………………… 103
    3.2.2 京小贷 …………………………………………………… 104
    3.3.3 动产融资 ………………………………………………… 104
 4 战略转型与未来 ……………………………………………………… 105
  4.1 全新定位：B2B2C模式 ……………………………………… 105
  4.2 "数据+技术"驱动，迎接广阔蓝海 ………………………… 106

芝麻信用：互联网个人征信时代领头羊 …………………………… 108
 1 芝麻信用崛起之路 …………………………………………………… 109
  1.1 打造电商信用社区，不断壮大的信用数据库 ……………… 109
  1.2 电商跨界金融，开启小微企业贷款大门 …………………… 110
  1.3 个人征信时代，芝麻信用应运而生 ………………………… 111
 2 芝麻信用的引流与应用 ……………………………………………… 112
  2.1 电商与支付宝引流 …………………………………………… 112
  2.2 内外拓展金融场景 …………………………………………… 113
    2.2.1 消费信贷 ………………………………………………… 113
    2.2.2 外部金融场景应用 ……………………………………… 114
  2.3 与外部应用合作渗透生活场景 ……………………………… 114
    2.3.1 与各类应用合作 ………………………………………… 114
    2.3.2 借助共享经济东风 ……………………………………… 115
 3 芝麻信用的运作模式与优势 ………………………………………… 116
  3.1 芝麻信用运作模式 …………………………………………… 116
    3.1.1 基于大数据、云计算建立互联网个人信用数据库 … 116
    3.2.2 以芝麻信用分提供个人信用评分服务 ……………… 117
    3.3.3 通过线上线下合作的方式推广芝麻信用评分 ……… 118
  3.2 弥补传统征信的不足 ………………………………………… 118
    3.2.1 拓宽数据源 ……………………………………………… 118
    3.2.2 更广的群体覆盖面 ……………………………………… 119
    3.2.3 提升信用时效性 ………………………………………… 119
    3.2.4 丰富应用场景 …………………………………………… 119

  3.3 与腾讯征信比较 ································· 119
4 瓶颈与展望 ·· 120
  4.1 数据库仍有待完善 ······························· 120
  4.2 国家法规不健全，行业缺乏规范 ················ 121
  4.3 打造信用城市 ···································· 121

共享单车的盛宴与困局——来自 ofo 的启示   123

1 "网红"共享单车的快闪之旅 ························ 124
  1.1 共享单车为什么"火" ··························· 124
  1.2 共享单车市场"百花齐放" ······················ 125
  1.3 残酷的洗牌期和倒闭潮 ··························· 126
  1.4 双雄角逐上演"抢滩大战" ······················ 128
  1.5 头部企业难以为继，ofo 成行业缩影 ············ 131
2 ofo 的百亿融资是如何炼成的 ························ 132
  2.1 萌芽期：我的校园我的团 ························· 132
  2.2 成长期：有钱才是王道 ··························· 133
  2.3 高速发展期：我的版图我做主 ··················· 133
  2.4 停滞期：深陷危机求"归宿" ··················· 135
3 解锁 ofo 商业模式 ··································· 136
  3.1 精准定位——为城市出行提供美好愿景 ········ 136
    3.1.1 走出校园进城市 ···························· 136
    3.1.2 连接自行车的美好愿景 ···················· 137
  3.2 褪去互联网外衣后的直线型模式 ················ 137
  3.3 以共享之名行租赁之实 ··························· 138
  3.4 ofo 的营利模式 ··································· 139
    3.4.1 多元化收入渠道构想 ······················· 139
    3.4.2 成本结构之"暗伤" ······················· 140
    3.4.3 高市场占有率与低收益 ···················· 141
4 复盘 ofo 败局，共享单车行业路在何方 ············ 142
  4.1 ofo 缘何深陷困境，成烫手山芋 ················ 142
    4.1.1 内外局面"失控" ·························· 142
    4.1.2 无法突破高成本困境 ······················· 143
    4.1.3 营利模式模糊 ······························ 143
    4.1.4 互联网经济的"寡头效应" ··············· 144

4.2 共享单车行业任重而道远 …………………………………… 144
        4.2.1 入口多元化 ………………………………………… 144
        4.2.2 运营精细化 ………………………………………… 145
        4.2.3 管理规范化 ………………………………………… 145

参考文献 ……………………………………………………………… 146

阿里巴巴与蚂蚁金服
——阿里系互联网独角兽企业的崛起

2017年,由科技部发布的国内超级独角兽企业排行榜上,阿里系交出了亮眼的成绩单,前十家中阿里系就占据了三家,其中蚂蚁金服以750亿美元估值蝉联中国独角兽企业榜单第一名。作为与阿里巴巴有着千丝万缕联系的互联网金融帝国,蚂蚁金服的前世今生始终与阿里巴巴集团紧密地联系在一起,二者交映生辉。而从蚂蚁金服独立到阿里巴巴集团重新对其持股的回归过程,也证实了蚂蚁金服始终是阿里生态系的金融板块。

1999年,阿里巴巴集团(以下简称"阿里")由以马云为核心的18人创立于杭州,自成立后的19年里,阿里光环无数,业绩傲人,不断刷新世人视野。2016年,阿里巴巴集团在纽交所上市后,登顶亚洲上市公司市值首位,其后也始终位居全球上市公司市值排名前10。[①] 得益于良好的财报,阿里最新市值达到4778亿美元(截至2018年5月5日),超过腾讯的4634亿美元,位居国内第一位,可谓实实在在的超级金融帝国。2013年,阿里金融和支付宝独立,阿里金融作为集团的重要组成部分与电商平台并列。而如今阿里显然已经成功撬开金融缺口,建立以支付宝为核心的强大蚂蚁帝国,金融业务遍布整个生态。阿里始终走在颠覆性创新的路途上,当面对其成为瓦解实体经济的"祸首"和加大虚拟经济风险等具有争议的话题时,我们不得不承认阿里确实抓住了互联网数据时代机遇,形成了一种适应互联网数据时代的商业模式,同时也是一种能解决社会需求和问题的模式。阿里展示了其着眼于未来商业基础设施构筑的巨大力量,未来的阿里将统筹阿里巴巴集团、蚂蚁金服、菜鸟网络等阿里生态

---

① 数据来源:中商产业研究院大数据库数据统计。

体系内的所有力量，朝着"五新"① 继续开拓，超级帝国正在一步一步累积堆高。阿里巴巴、蚂蚁金服、支付宝三者间的关系，见图1。

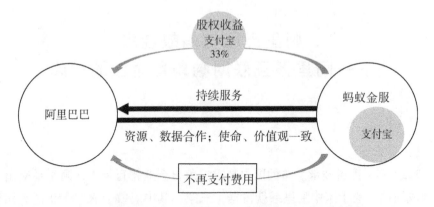

图1 阿里巴巴、蚂蚁金服、支付宝三者间的关系

1 阿里帝国的动力引擎与版图扩张

近年来，阿里在收入占比85%的电商交易核心业务和收入占比15%的云计算、数字媒体和娱乐、创新战略的跨界业务，均实现了超高幅度的增长。2017年，云计算、数字媒体和娱乐、创新项目收入增速分别达121%、271%、65%；2018年，则分别达101%、33%、10%，② 这三大板块成为阿里的"新三大引擎"，其与核心电商业务之间的协同效应带来了巨大的机遇，也显示出阿里巴巴经济体的生态魅力。

1.1 高速引擎阿里云

阿里云于2009年创立，在面对极端复杂的商业和技术难题时，阿里选择了技术自研，经过18年的累积和发展，阿里在自身业务场景中形成了完善的数字化转型技术和方法论。正是当年的正确选择，为阿里云的成功奠定了基础。

---

① 2017年的网商大会上，阿里巴巴宣布成立"五新执行委员会"，以建设新零售、新金融、新制造、新技术、新能源。
② 数据来源：阿里巴巴2017、2018财年年报。

阿里云在过去相当长的一段时间里展现了强劲增长,其营收已经连续12个季度保持规模翻番。2017年财报显示,截至第四季度,阿里云的云计算收入达到21.63亿元,同比增长103%;整个财年阿里云营收达66.63亿元,同比增长121%,成为亚洲第一、世界前三的云计算平台。2018财年,阿里云实现了133.90亿元的收入,同比增幅高达101%,又翻了一番,其为阿里贡献了5.35%的营收。

阿里云正在不断扩大在中国和亚洲的市场,同时它不断开发和推出新的产品和功能。其用户群体已从最初的个人扩展到大型企业,涵盖零售、金融、媒体、娱乐、运输、医疗、能源、制造等领域。阿里云已经取得了令人瞩目的成绩,甚至成为世界上第一家可以提供量子加密信息传递服务的云计算公司。其"麒麟"数据中心也成为业界首款沉浸式液冷服务器集群,也是"NASA"计划的重要基础。阿里云已经完成了规模、成本和效率三项测试,并且具备将世界级的计算能力变成普惠云科技的能力。阿里的智能之路正在逐步铺展开来。

1.2 跨界巨头泛娱乐

优酷土豆、新浪微博、光线传媒、华谊兄弟、虾米音乐、恒大足球……阿里在数字媒体和娱乐业务方面,在一系列似乎让人摸不透的"买买买"的收购合并之后,其大文娱战略也渐渐形成矩阵,这显然是阿里又一部野心之作。

阿里巴巴通过"自建经营+对外投资"的方式,对各条业务线进行重组。阿里影业、阿里音乐、阿里文学、阿里游戏、阿里体育……阿里对各板块赋以"阿里+××"的名义,以"两个用户平台引擎(UC、大优酷)+各专业纵队",通过强化内部协同,实现了体系联合驱动,从而搭建了一个庞大的"文娱帝国版图",并在不知不觉中渗透着我们的生活。

在数字媒体和娱乐层面,从2018财年第四季度的数据来看,这一板块的营收为52.72亿元,占总营收的8%。第四季度阿里旗下优酷视频日均订阅用户同比增长超过60%。由此可预见的是,一旦用户付费订阅习惯养成,数字媒体和娱乐板块将在阿里收入构成及生态闭环上发挥更大能量。阿里使用收购国内的视频网站如优酷和土豆,以及东南亚的电商平台Lazada,在电商中加入视频内容实现用户购买量加大的新招数,尽可能地延长了用户使用其应用的时间。

截至2018年年末,阿里已形成包括文化娱乐生态、电商生态、物流生态、金融生态、云生态在内的相互交融的完整的生态体系,在为消费者和客户提供多维度体验和服务的同时,其以电影、音乐、视频、文学、体育为主要内容的文化娱乐产业也在积极拥抱互联网,实现技术创造力、内容创造力和商业创造力的深度融合。

1.3 创新板块连接万物

2018 财年，阿里的创新项目和其他业务的第四季度收入同比增长 87%，达到 9.88 亿元；全年收入 32.92 元，同比增长 91%。

实际上，"来往"社交通信软件之后，社交带来的巨大流量让马云并没有完全放弃社交领域，除了产品界面高度相似的支付宝红包战，我们也看到了其从几乎完全是另起炉灶的、大大有别于微信的差异化竞争企业端产品——阿里钉钉（以下简称"钉钉"）切入职场社交。作为一款面向企业、政府用户的通信、协同移动办公平台产品，钉钉包含了通讯录、智能电话、服务窗、视频会议、邮箱、公告、审批等诸多沟通、办公类功能。当前钉钉的用户数已过亿，企业组织数超过 500 万。2018 年第一季度全网日活跃用户规模增长排位中，钉钉在被 to C 领域 App 包围中冲入前十，可见钉钉作为 B 端企业级社交应用，仍能够和 C 端产品同台竞技，同时也在产品价值和理念上得到了用户认可。此外，钉钉还有多项突破性功能，一是与高德地图、优步、滴滴合作，实现精准定位功能，同时记录出行数据，连接报销和统计的流程，通过整合阿里的大数据能力，将企业的运营数据①以智能图表的形式输出；二是引入第三方加密的安全服务模式，保护企业安全和商业隐私。从钉钉我们可以看到，即便依靠着强大的品牌、资金、客户资源，但真正不一样的开发方式、产品定位、销售模式，也许才是定义创新的关键。

大数据、云计算驱动着智能产业。从 2011 年 7 月 YunOS 的正式发布到 2016 年携手惠普、英特尔推出全新品类 YunOS Book 及全新平台 YunOS for Work、YunOS for TV、YunOS for Robot，YunOS 中间经过多次迭代，从可信的感知、可靠的连接、分布式计算到高效流转的服务实现万物互联，从消费级市场到行业市场，YunOS 探索的脚步一直未曾停歇，YunOS 填补了行业市场"云端一体化"整体解决方案的缺失，推动了产业服务生态升级。2017 年 7 月，阿里与上汽集团联合发布搭载 YunOS 智能操作系统的全球首款量产互联网汽车。可以预见，未来 YunOS 将进一步在产品、产业、营销、服务模式上为智能行业带来全新的创新。

通过平台作为依托，实线线上线下资源融合，才是未来的生态趋势。2013 年 5 月，阿里巴巴以 2.94 亿元战略投资高德地图，布局 O2O②；之后，2014 年

---

① 运营数据包括运营成本、运营效率、商务成绩等。
② O2O（online to offline）是用户在线购买、线下接受服务的一种电子商务模式。

高德被阿里全资收购。随着移动互联网时代的全面到来，除了微信、支付宝，这个基于用户地理位置的应用成为链接移动互联网的重要入口。阿里收购高德地图显然是为巩固自己在O2O战线上的社交、支付、地图、商家资源这几个战场，高德地图除了在召车服务、移动手机、餐饮外卖、社交媒体、旅游服务等领域有出色表现外，在淘宝、天猫、口碑、菜鸟快递等业务上也起到了助力作用。

2018年3月27日，阿里旗下高德地图突然宣布正式进军顺风车业务。高德地图正式跨界杀入中国出行市场，继续瞄准其所指向的三个重要领域：共享经济、大数据和支付场景。未来几年，中国共享经济将保持40%左右的高速增长，显然，马云已经看到了未来中国共享经济高速增长的前景，掌握出行数据将为支付宝沉淀更多优质用户，同时也在进一步将无现金社会、大数据、共享经济和信用城市完美链接起来，进而引发一场环环相扣的跨界革命。

2 阿里跨界竞争与蚂蚁金服的创立

2.1 从电商支付工具到金融跨界竞争

2.1.1 基于商家信用数据和支付需求的萌芽

蚂蚁金服虽独立于阿里集团体系之外，但却是马云紧握的金钥匙。阿里金融的布局也许比我们想象的更早。早在2002年为从事贸易的中小企业建立自己的信用档案"诚信通"业务，及在此基础上于2004年推出的"诚信通指数"衡量会员信用情况，实质上便是阿里金融萌芽的开始。

再到2004年基于C2C[①]业务潜在商务价值解决交易担保问题推出的线上支付宝、2007年联合银行向企业推出的小额贷款业务，围绕着阿里巴巴和淘宝商家建立的商家信用数据库成为其后阿里金融的基础和核心竞争力。

2010年小额贷款公司的成立，支付宝也取得重大发展。2013年，阿里携手腾讯、中国平安进军保险业，联袂天弘基金推出余额宝，涉足财富管理。至此，阿里在第三方支付、信贷稳固的基础上继续开拓了保险、担保领域，阿里金融的业务构架初具雏形。

---

① C2C（customer to customer）是个人与个人之间的电子商务。

2.1.2 由支付解决到"平台、金融、数据"的搭建

2004年至2012年间,支付宝逐渐从服务电商交易的支付工具,发展为服务各行业的支付平台,逐渐渗透到人们的日常生活,成为移动生活的代表。支付宝的成功让阿里看到未来互联网金融巨大的潜在价值,开始进行更庞大的战略谋划,将支付宝定位为"用互联网技术为未来金融服务做支撑"。2012年9月,马云表示阿里将从2013年开始转型,重塑平台、金融、数据三大业务,阿里要重构一个金融信用体系。

阿里巴巴集团的架构调整紧随其后,并于2013年初分为25个部门。阿里金融和支付宝不在其中,这是平台和数据服务的雏形。同年2月,支付宝宣布拆分为共享平台事业部门、国际业务事业部门和国内业务事业部门,他们与最初的阿里金融一起组建成了阿里金融业务的四大事业群。此外,由阿里巴巴副总裁胡晓明领导的创新金融事业群已成为阿里小微金融服务梦的"创新工厂",负责阿里小额贷款、商城融资担保和众安在线等业务,和其他四大事业群负责的消费者金融服务并驾齐驱。2013年3月,阿里宣布筹建小微金融服务集团,彭蕾担任首席执行官。从那时起,阿里金融整体业务板块和组织团队正式成立,阿里金融作为重要组成与电商平台业务并存。阿里金融的业务板块和组织班底架构变动如图2所示。

图2 阿里金融业务板块和组织班底架构变动

直到2013年11月,阿里云宣布推出面对金融机构的金融云服务,开启了大数据分析的新大门;2014年10月16日成立蚂蚁金融服务集团,对金融业务进行全面整合,由此,阿里金融作为网络金融的旗舰雏形才初现。这期间,2013年现金管理工具——余额宝的出现激起巨大连锁反应,标志着货币基金互联网时代重启;2014年的新理财平台——招财宝则成为开放的链接个人投资者和金融信息提供方的金融信息服务平台。

2015年4月9日，蚂蚁金服正式宣布，开放内部代号"维他命"的金融信息服务平台，并联合博时基金、恒生聚源及中证指数发布其首个电商行业数据推出的指数产品"淘金100"。

此后，阿里金融依托支付宝实施同心多元化战略，致力构建完整金融生态链，打造开放金融服务平台，其业务触角已遍及支付、基金、保险、银行、征信、互联网理财、股权众筹、金融IT系统等诸多领域。

2.1.3 社交执念与关系链切入

在社交功能上，支付宝与微信的用户活跃程度相差甚远，但阿里始终未摒弃利用社交获取流量数据的想法。从2014年1月支付宝正式更新到8.0版本到2016年12月支付宝开始实施"班委制"，几乎整整三年时间，支付宝做了一系列尝试。

2015年，支付宝9.0版正式发布，新版本加入了社交元素，借助关系链实现金融服务质量的提升。2015年12月12日，蚂蚁金服旗下的支付宝、口碑网推出"双12"线下购物狂欢节。当天，全国总共有2800万人参与"双12"活动，为线下商户总共带去了1951万新增会员。

2016年2月7日除夕夜，支付宝与央视联合发布的"咻一咻"互动平台的总参与次数达到3245亿次，是上一年春晚互动次数的29.5倍，花费巨资的支付宝赢得了11亿对好友关系链的战利品。2016年2月22日，蚂蚁金服又推出了基于好友关系的首个活动，通过好友关系，蚂蚁花呗为超千万用户进行提额。蚂蚁金服用户黏性见图3。

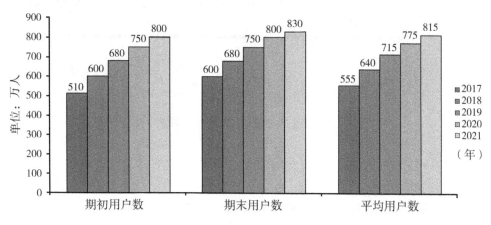

图3 蚂蚁金服用户黏性①

---

① 数据来源：中信证券研究部。

关系链的打通是开通社交的前提，真正的课题是挖掘关系背后的数据并为业务提供支撑。一般的社交数据对金融服务的作用其实不大，支付宝拥有国内基数最大的实名用户群体，积累了大量高含金量的与支付、消费相关的关系链数据。结合消费场景，通过评估用户关系链的还款能力和还款表现，可以更精准地为用户画像，更好地甄别风险。①

2.1.4 互联网技术利器助力与新金融转型升级

除了社交上的暗自较量，阿里更致力于增加平台化的开放基因。蚂蚁金服提出"Tech＋Fin"的崭新战略，未来只做 Tech（技术）部分，开放 Fin（金融）部分，流量、用户、技术都可以共享给金融机构。

2015 年 8 月，蚂蚁金服旗下智慧理财平台——蚂蚁聚宝上线；同年 9 月，阿里宣布将通过"互联网推进器计划"，在渠道、技术、数据、征信乃至资本层面，与金融机构加大合作，计划将在 5 年内助力超过 1000 家金融机构向新金融转型升级；随后，10 月份宣布将联合 59 家金融及互联网金融企业，在未来全面开放在线支付、私募股权融资、技术、云计算等多个领域模块，并以此服务整个小微企业生态；2016 年 3 月，由蚂蚁金服发起成立的网商银行，为小微企业及部分个人用户提供贷款、理财、转账等金融服务。蚂蚁金服互联网推进计划事件时间轴，见图 4。

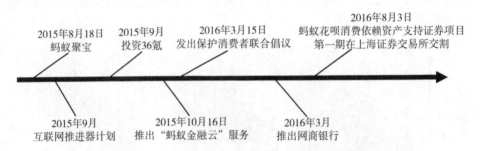

图 4　蚂蚁金服互联网推进计划事件时间轴

2016 年 3 月 28 日，蚂蚁金服启动"千县万亿"计划，计划整合"互联网＋"的城市服务、生活商圈、创业金融等多个单元，为县域经济和居民生活的"互联网＋"提供推进器，通过蚂蚁金服的大数据、技术能力和各地基层政

---

① 蚂蚁花呗风险控制及数据团队对蚂蚁花呗用户数据进行大规模校验后也发现，那些拥有实名守信好友圈的用户群体，信用质量确实更好。

府大数据相结合，撬动万亿社会信贷资源共同参与县域升级，助推城乡均衡发展。

2016年年末至2017年，由于监管风向的转变，不管是一向低调审慎的腾讯金融，还是向来高举高打的蚂蚁金服，都在强调开放、赋能、连接、服务。于是两大巨头一方面继续深耕支付、理财、借贷等金融业务，另一方面致力于向金融机构提供"一揽子"服务。此外，这一年，支付宝已稳定其地位，不仅没有输给微信支付，还在一定程度上巩固了领先优势。很多人都没有想到公共出行将成为目前最激烈的移动支付场景。腾讯、阿里甚至银联都在这个场景中尽力抢占市场。与此同时，2017年芝麻信贷和蚂蚁借呗放款量稳步上升，为支付宝带来了丰厚的利润。

2.2 庞大金融冰山真貌：数据和征信

实质上，在整个蚂蚁金服的业务体系中，支付、融资、理财、保险等业务板块仅仅是浮出庞大金融帝国水面上的一小部分，真正支撑这些业务的则是冰山帝国下面的云计算、大数据和征信体系。

阿里巴巴数据和信用体系的建设最早可以追溯到2002年的"诚信通"业务。但更为具有标志性意义的是2013年的金融云服务，正式开启了大数据分析的新大门，开创了一个拥有海量用户数据和完善的支付生态的金融帝国。"金融云"服务的推出，为银行、基金、保险等金融机构提供了IT资源和互联网运营维护服务。

交易数据对金融而言是起决定性支撑作用的。2014年10月21日，浙江融信取得其控股公司恒生集团100%的股权，马云直接持有浙江融信约99.14%的股份。此次交易完成后，马云将通过恒生集团间接拥有上市公司恒生电子20.62%流通股股份的权益。无论是恒生集团还是恒生电子[1]，都并不为人们所熟知，但恒生电子却几乎垄断了国内金融机构IT系统供应。更重要的是，恒生IT金融系统还协助各大金融机构掌握和管理其重要商业数据。[2] 通过支付宝平台，阿里巴巴累积的用户消费习惯数据已经具有横向数量和纵向时间的广度；

---

[1] 恒生电子：主营金融IT产品与服务业务，涵盖银行、证券、基金、信托、保险、期货等金融市场的各个领域，被阿里收购前是国内唯一一家能够提供全面解决方案的"全牌照"IT服务公司。

[2] 2014年，恒生电子在基金、证券、保险、信托资管领域核心市场占有率达七至九成，在证券账户系统、证券柜台系统、银行理财业务平台、信托核心业务平台、期货核心系统占有率达四至五成。

但在金融领域，阿里仍缺乏大量的交易和投资数据资源，恒生电子的数据积累正是阿里所缺乏的和需要的，阿里控股恒生电子实际上是看好恒生电子手中的金融数据，其目的是通过加入金融业的 IT 系统服务来获得客户的交易习惯、数据和行业交易数据，为未来的"金融云"做基础。阿里金融数据与支付关联，详见图 5。

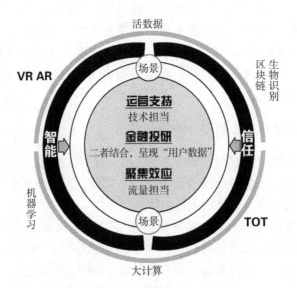

图 5　阿里金融数据与支付关联

"五新"① 概念中"新金融"是最关键的一环，马云将新金融细化为三个方面：第一个"新"是专注于小微企业和消费者；第二个"新"是用技术的方式、用大数据的能力去构建一个更加透明、开放、平等的金融服务体系；第三个"新"是基于新的金融体系而产生的大数据信用体系，阿里致力于的金融信用体系就是其平台的运营机制。

目前，蚂蚁金服也仍奔走在"让信用等于财富"的创新道路上，链接面向小微企业、个人创业者以阿里小贷为代表的直接融资平台，用户可以在阿里的电商平台先消费再延期支付的以蚂蚁花呗为代表的信用消费服务平台，以及小存小贷的商业模式，以浙江网商为代表的网商银行都依附在海量交易信息和支付数据积累的基础上。旗下的芝麻信用、微商银行的启动，使蚂蚁金服切入到更深入的个人和企业征信服务，实现信任机制升级。蚂蚁金服的四层结构，见图 6。

---

① "五新"：即马云提出的"新零售、新金融、新制造、新技术、新能源"的"五新"战略。

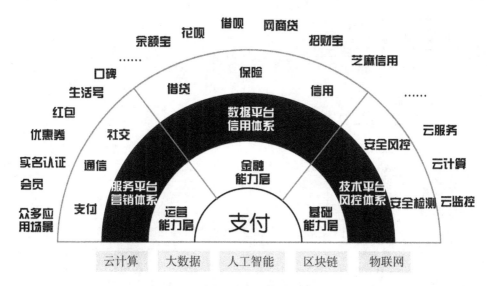

图6 蚂蚁金服的四层结构

2.3 金融业务独立与蚂蚁金服帝国

2011年5月10日,马云将支付宝从阿里巴巴集团转移到了自己与谢世煌设立的"浙江阿里巴巴电子商务公司"。支付宝的总转让价格为3.32亿元人民币,其中2009年6月转移70%的股权,2010年8月转移了剩余30%股权,"窃取"行为早已发生。消息一出,马云被广泛质疑缺乏"契约精神",甚至使得美国资本市场对中国概念股产生不信任情绪。事件的产生源于马云为获取支付牌照,遂将支付宝剥离出来,实现由内资完全控股,摆脱VIE(可变利益实体)构架可能导致的政策风险。即便最后成功获取了牌照,但这一行为显然引起了与外资股东的巨大冲突。而后通过重新协定,支付宝公司每年向阿里巴巴集团支付知识产权许可费和技术服务费,金额为当年税前净利润的49.99%,支付到支付宝上市时止。支付宝上市时,支付回报额,回报额为上市时总市值的37.5%〔以IPO(首次公开发行股票)价为准〕,将不低于20亿美元且不超过60亿美元。马云、阿里巴巴、支付宝、蚂蚁金服关联性,见图7。

无论程序正义更重要,还是结果正义更重要,此次支付宝事件对阿里的影响是巨大的。支付宝成立之初虽已是独立的公司,但在用户眼里,支付宝是属于淘宝平台的支付工具。在当时面对外部来自PayPal、首信易、快钱等支付工具共同抢占用户的激烈竞争和内部为解决高达四成支付失败问题的压力下,支付宝的独立在一定程度上表明了其成为独立支付工具和提高用户体验的意图。

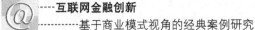

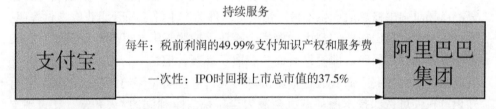

图7 马云、阿里巴巴、支付宝、蚂蚁金服关联性

成为独立的支付工具,在服务淘宝网的同时,也能够服务更多的网站,也更有利于建立一个公开透明的信用体系,此举足见马云的远见和大格局。支付宝独立后与阿里巴巴集团重新订立的协议关系,见图8。

图8 支付宝独立后与阿里巴巴集团重新订立的协议关系

继2016年4月融资45亿美元后,2018年2月蚂蚁金服又传来重磅消息:阿里巴巴将通过一家中国子公司入股并获得蚂蚁金服33%的股权,支付宝又在股权上重回阿里巴巴。

截至2018年年末,阿里巴巴已经完成B轮融资,蚂蚁金服估值高达1500亿美元,而此番阿里巴巴入股,也可以看出蚂蚁金服的收入和利润超出预期,蚂蚁金服也无须再考虑阿里巴巴的利润分成问题,更多的资金和阿里系更充分的资源都将投入到布局发展和市场开拓中。简而言之，此番重回阿里，股权结构的进一步明确、现金流的保障、战略投资和合作者的回归，使得蚂蚁金服离真正上市更近了一步。

此前，由于阿里在美国上市需要解决提高估值问题，阿里除了进行各种并购和提高季度业绩外，还提出回购支付宝股权。至于蚂蚁金服为何选择此刻调整股权关系，回顾2017年的政策监管密度可以发现，2017年IPO发审的全面收紧、信托通道业务的收紧，以及2017年年底到2018年初叫停网络小贷牌照批设、现金贷监管落地，都在剧烈地影响着金融市场，此前金融系统的政策宽松红利，很明显如今已经走到头了。即便行业的收紧对于已经成为巨头的蚂蚁金服来说提高了其他竞争者的进入门槛，但蚂蚁金服为实现合规也付出了巨大的成本，如2017年年底撤回数十亿美元的ABS①产品发行计划、加大旗下两家小贷公司的注册资本②，以及2018年2月至3月调整余额宝业务，设置每日申购总量。此次调整，除了为上市铺路，蚂蚁金服更需要迅速地为股本融资，做大资金满足监管偏好，抓紧政策宽松的利润趋势迅速上市，远比抗衡无法预测的政策监管周期要好。蚂蚁金服收入评估，见图9。

从最新的蚂蚁金服股权结构来看，全国社保基金占股5%，这是全国社保基金首次投资技术创新企业，也是蚂蚁金服迈向国民企业的重要里程，意味着支付宝的兴衰与每个人的养老金紧紧联系，而马云的"A股情怀"若得以实现，也将利于中国股民分享支付宝发展成长的结果。

前期独立后的蚂蚁金服与阿里巴巴是两家独立的法人实体，双方不存在股权关系，仅存在关联业务且签订了"不竞争承诺"厘清业务界限，但蚂蚁金服继承了阿里的互联网基因，虽然只专注于小微领域，但两者的使命和文化是一脉相承的。蚂蚁金服是马云"平台+金融+数据"架构和规划的核心。阿里集团为蚂蚁金服支付和金融服务提供了孵化土壤和丰富的场景，而蚂蚁金服已成为一个完善的生态体系。当然上市的影响并不局限于国内，蚂蚁金服近年来的国际化布局，也将推动中国金融科技业在全球范围内实现长期领跑。此次的股权关系调整，也将使阿里与中国第一大移动支付和"Tech+Fin"平台在小微企

---

① ABS融资模式是以项目所属的资产为支撑的证券化融资方式，即以项目所拥有的资产为基础，以项目资产可以带来的预期收益为保证，通过在资本市场发行债券来募集资金的一种项目融资方式。
② 2017年12月18日，蚂蚁金服宣布，为继续支持场景化的消费金融健康发展，即日起将对旗下重庆市蚂蚁小微小额贷款有限公司、重庆市蚂蚁商诚小额贷款有限公司两家小贷公司增资82亿元，将其注册资本从现有的38亿元，大幅提升至120亿元。

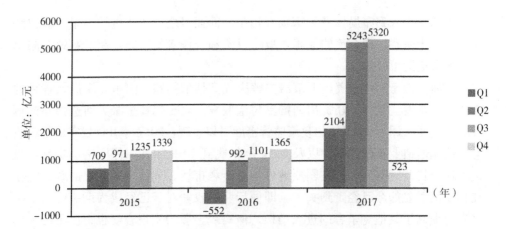

图9 蚂蚁金服收入评估①

业、实体经济、农村电商、普惠金融,以及围绕 e-WTP② 探索中国企业全球化领域展开更加紧密的协作。蚂蚁金服当前已基本满足 A 股上市的要求,经过数次融资,蚂蚁金服股东也包含了重量级中字头资本;此外,中国证券监督管理委员会系统 2018 年工作会议放出的"培育一批自己的独角兽科技公司"的信号,以及马云的"A 股情怀"都加大了国内上市的可能,同时蚂蚁金服也同样有在香港上市的可能,为迎接新经济企业,港交所已经启动了"同股不同权"的改革,因此,也不排除"A+H"的上市方式。

3 蚂蚁金服业务拓展路径与创新机制

3.1 拓展路径——微创新开启金融多元化业务

3.1.1 颠覆性金融产品设计与业务突围

蚂蚁金服在业务和工具上起源于阿里的支付宝,而阿里起源于贸易,从满

---

① 数据来源:中信证券研究部。
② e-WTP,全称 Electronic World Trade Platform,电子世界贸易平台。e-WTP 是由私营部门发起、各利益攸关方共同参与的世界电子贸易平台,旨在促进公私对话,推动建立相关规则,为跨境电子商务的健康发展营造切实有效的政策和商业环境。e-WTP 可帮助全球发展中国家、中小企业、年轻人更方便地进入全球市场、参与全球经济。

足最初基础技术和数据业务到支付业务,再到综合性金融服务和科技服务,逐步形成多层次的金融版图。而这其中基于需求产生的多次工具、产品创新带来了颠覆性的引领作用,也对传统金融产生深刻影响。

支付宝的出现,突破了淘宝只局限于电商平台的发展瓶颈。淘宝初期的交易仅限于同城交易,淘宝若想进一步发展,必须突破"一手交钱、一手交货"思维和建立买卖双方信任的单一框架。于是,淘宝团队开始尝试了解国外同行PayPal的支付方式,甚至产生了模仿 Q 币建立"淘宝币"的方式,但这都没有从根本上实现经营模式的突围,之后在淘宝论坛与用户的探讨过程中,产生了"担保交易"的想法。担保交易最初在 B2B① 尝试过,但企业间交易的复杂性导致其未实现推广,即便如此,淘宝团队仍然决定在 C2C 中尝试应用这种方式。这次探索表面上是为解决淘宝的发展问题,但实质上已经触碰到了金融本质,金融的基础是信任,交易的本质就是信任机制,信任使得商业突破了时空限制。无论在当时还是现在,传统金融机构银行并未对这样的小额交易产生过兴趣,在无法实现第三方机构承接的情况下,淘宝团队迫于无奈决定自己研发。产品研发的初期,系统尚未完善,淘宝甚至采用人工对账方式,但这样的突破和坚持一度给淘宝带来新生机,并成功击败同行 e - Bay。

余额宝的推出使支付宝从支付手段嫁接到了理财领域。与基金公司传统的销售自身产品形式不同,余额宝通过直接在支付宝中嵌入基金支付系统的流程创新,提高了公募基金销售的网络体验。余额宝的推出不仅让蚂蚁金服将存量支付用户转化为理财用户,更重要的是唤醒了普通消费者的理财意识,积累了理财业务的流量。余额宝成为互联网理财业务的出发点。

芝麻信用则是通过聚焦于商业信用领域,通过衡量信用三维度②中的践约度,以解决经济信用的评价问题,实现蚂蚁金服全产品平台的串联,同时成为面向商业的开放平台。蚂蚁金服利用其长久积累的场景数据提供信用服务,有利于产生便捷场景黏性,形成正向循环,在构建"信用 +"生态商业上意义重大:在商户用端,解决了信用体系缺失问题的痛点;而在零售端,"芝麻分"也深入人心。

蚂蚁金服几乎创造了一条完美的金融产业链。从蚂蚁金服整体来看,金融产品单元就像车间,2004 年到 2013 年的产品开拓期间源源不断地实现"金融

---

① B2B(Business - to - Business)是指企业与企业之间通过专用网络或 Internet,进行数据信息的交换、传递,开展交易活动的商业模式。
② 三维度指诚信度、合规度、践约度。

产品"的完善和丰富,然后把它们交给支付宝这个渠道去出售。对同业服务来说,通过增加产品上游供给和下游销售的渗透才能保证增强竞争力,支付宝恰恰是一条销售渠道,征信、金融服务则是为同业机构提供支撑性服务的业务,性质有所不同。蚂蚁金服金融产品设计与业务突围,见图10。

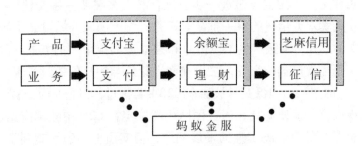

图10 蚂蚁金服金融产品设计与业务突围

3.1.2 识别市场需求与精准激活长尾市场

传统金融机构,尤其是银行,深谙"二八"规律,致力于服务大中型企业、高净值人士。但我国小微企业和个体工商户占比达到95%,蚂蚁金服等一批互联网企业正是瞄准了长尾上存在海量用户带来的蓝海市场。尽管每个小微客户利润极低,但互联网企业利用其技术优势通过数据积累,掌握生态链控制权,能有效降低服务成本。长尾市场的填补,在推动平等金融服务发展的同时也使得互联网企业获得了可观收益。长尾市场的成功还在很大程度上取决于对长尾用户需求的精准识别。

在消费金融领域,蚂蚁金服通过结合支付宝平台及阿里巴巴的数据、场景、流量,推出包括服务消费者的花呗、借呗和服务中小微企业的网商贷、旺农贷等信贷产品,关注服务传统金融机构较难触及的长尾消费者与小微商户。花呗、借呗年活跃用户逾1亿。截至2017年6月末,花呗营收14亿元,较之2016年年末增幅为1050.5%;净利润为10.2亿元[①]。

在企业微贷领域,与社交巨头相比,蚂蚁金服对B端商户渠道更具核心优势。蚂蚁金服通过互联网申请业务,系统自动进行审批,运转效率高;并可通过后台大数据分析,实现对客户信用和需求精准画像,通过有针对性的定制化贷款方案拓展业务。此外,蚂蚁金服基于数据和技术为小微商户提供多收多赚、

---

① 数据来源:http://www.sohu.com/a/207546959_ 100077760。

多收多保、多收多贷等服务,具体包括资金管理、流动资金贷款、保险、顾客关系管理(customer relationship management,CRM)增值等,从而帮助中小商户提升收入,降低运营与财务成本,建立黏性更高的商户生态。蚂蚁金服的业务维度与板块,详见图11。

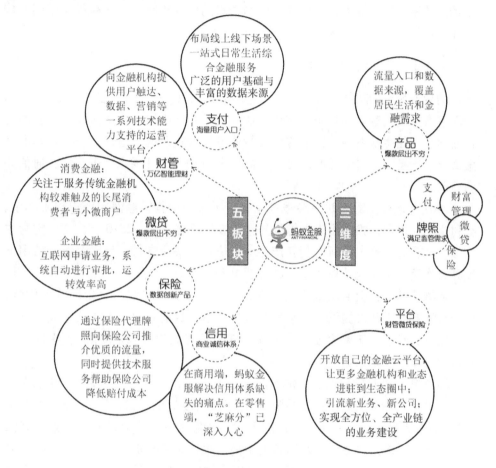

图11 蚂蚁金服的业务维度与板块

3.2 创新机制——场景化构建金融生态布局

2015年消费金融成为热点,2016年行业焦点转为科技金融,而2017年则是"场景化"成为众多互联网金融平台角逐的新赛道,生活场景纷纷被金融化重构。从衣食住行,再到分期信贷消费、储蓄理财,互联网金融走进了大众的日常。

十年前，作为蚂蚁金服前身的支付宝只是淘宝的支付工具，但现在支付宝已经从支付工具演化为一种生态系统。围绕用户需求不断进行创新，支付宝贯穿了消费、金融理财、生活、沟通等人们真实生活的各种场景。它凭借线上交易的支付渠道角色，连接用户和消费者，在阿里构建多维度支付场景、打造基于场景关系链的布局下，变成各种应用场景的广泛吸纳者，提高产品使用便捷性并迅速扩大了市场份额。

3.2.1 生活服务场景

前期支付宝的功能仅限于支付，应用场景也只局限于阿里巴巴的电商平台。但随着淘宝交易额急速扩张，支付宝业务也呈几何级增长，生活缴费等新的支付需求也开始生根发芽，这是传统银行业务无暇顾及的，但却是民众基本的金融诉求。于是，支付宝开始链接更多的服务机构，如开通水、电、煤、通信等缴费服务。

2007年起，随着互联网渗透率及智能手机的助推，触网的用户越来越多。支付宝抓住机遇，推出手机支付服务，升级手机客户端。2010年，支付宝与中国银行联合宣布推出最新的创新产品——信用卡快捷支付，与更多银行信用卡展开合作后，支付成功率从原先60%提升到95%。

从缴费结算到公共交通、社保和民政管理服务，蚂蚁金服运用技术优势，为新型智慧城市建设提供了一系列的解决方案，目前蚂蚁金服在推进应用场景丰富化方面除了基于资金使用、流动延伸需求打造的"未来商圈"，更致力于打造智慧化的"未来城市"。

2015年，支付宝推出了"城市服务"入口。到2016年，有超过10亿人次使用支付宝"指尖上的城市公共服务"。2016年发布的"到位"，则是一个基于LBS①的生活服务平台，满足用户的各种生活服务的个性化需求，比如同城快递、换现金、维修设备等，并达到近距离、短耗时的要求。此外，在健康医疗方面，除了消费者端接入地方社保、推广支付即保障，商户端逐渐建立"多收多保"的用户习惯，蚂蚁金服与超过1500家公立医院、15家医疗健康创业公司合作推出一站式的"医疗服务"平台，利用移动互联网技术平台和数据能力，帮助医院构建移动医疗服务体系和推出多项健康管理服务。出行交通方面，二维码乘车、语音购票、刷脸进站、智能客流分析等多项技术接入，当然，阿里在交通出行场景的开拓不仅仅是公共交通出行领域，从其"城市大脑"的战

---

① LBS（location dependent services）基于位置的服务。

略来看，其未来布局将实现用户出行生活的各个场景的融合，积累的经验和数据将为智慧城市的运营提供支撑。

3.2.2 O2O场景

2011年7月，在获得支付牌照后的短短两个月内，支付宝推出全新的手机支付产品——条码支付，首次通过在线支付技术进入线下市场。将"支付"的功能真正延伸到生活的各个支付环节，一方面满足广大C（消费）端消费者用户小额、多笔和大规模的支付诉求，另一方满足商户各经营场景的收单需求。2011年11月，用户数便突破4000万，快捷支付占支付宝总交易笔数的比例稳居50%。可见，基于C端的消费场景存在巨大的资金流动需求。

O2O平台可以利用获取的消费数据，提供给消费者最合适的、个性化的界面、推荐以及价格。阿里利用O2O这个高频场景保持存在感，把握衣、食、住、行的四大消费支柱，形成从交易到支付的闭环。①"衣"领域，基于越来越高的共享接受度，芝麻信用链接"衣二三"提供共享免押服务。②"食"领域，饿了么、口碑、蚂蚁金服除了为商户提供支付、营销、保险、微贷的综合服务，还通过搭建的兴趣社群，与商家合作运营生活圈，促成到店消费的场景。通过有效结合地图等工具打造更为多样的营销场景，商家可以基于位置范围的投放和成像感知探索更丰富的营销手法，在提升商户效率、增强运营等全方位的需求的同时，也给用户提供了更好的消费体验。③"住"领域，住房免押金也在短租行业推广。④"行"领域，从共享单车、公共交通，再到私人出行路费缴纳，也已覆盖广大的出行需求。

3.2.3 社群场景

2016年11月24日，支付宝发布9.9.7版本，在"生活圈"模块发动态支持in①照片美化。但早在支付宝9.0版本，"生活圈"模块已从二级页面移到首页，看得出来支付宝从战略上足够重视社交关系链的建立。其后，支付宝还上线了吴晓波频道书友会、简七理财等财经大号的圈子，借鉴分答、问咖等较为成熟的变现模式，植入打赏功能。

未来，可以想象支付宝甚至可以基于兴趣社群开放不同差异化生活圈，如本地美食、本地旅行圈等，聚合相应差异化内容，并刺激商户和用户参与，营造"消费社交"的场景。

---

① 是一款基于camera服务的国内领先的影像社交应用。

3.2.4 新零售场景

2016年11月,支付宝官方将服务窗升级为生活号,为企业、组织和个人提供触达、沟通用户的平台,内容电商、内容类企业,甚至机构媒体、个人媒体,只要获得一定的机构资质认证,都可申请注册媒体类生活号,通过此平台对用户进行信息推送、交易场景打通和会员服务管理。支付宝后期还将升级版本,实现音频、视频、打赏、付费阅读、返佣、直播等功能的开放,进一步引导用户分享阅读有价值的内容,为价值买单付费。未来,生活号可能进一步实现支持插入淘系商品、口碑店铺、蚂蚁理财产品等商品推荐,实现CPS(以实际销售产品的提成来收取广告佣金)结算返佣,成为阿里发力"新零售"的开始。蚂蚁金服及阿里围绕支付的应用场景布局,见图12。

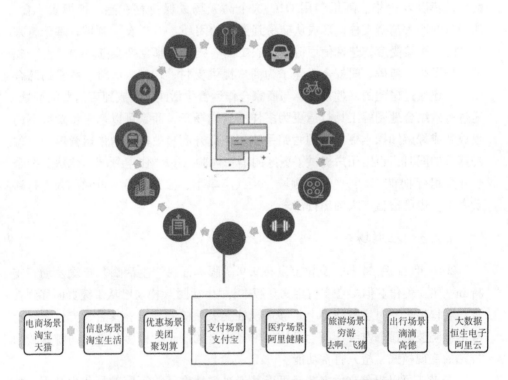

图12　蚂蚁金服及阿里围绕支付的应用场景布局

场景革命重构了人与商业的连接。巨大的人口和丰富的应用场景是一体两面。支付宝目前涵盖广泛的消费场景,包括网上购物、零售店、游戏、日常支付、餐饮、汇款、慈善机构、信贷、金融服务、充值、校园服务、交通服务和医疗服务，根基于用户原有的想要却又暂时要不到的诉求，通过金融工具的杠杆作用，帮助用户达到特定情景的需求，不断"黏住"用户，吸引更多的消费者使用。

4 争议与未来

4.1 支付与社交——支付宝之走向困局

长期以来，阿里和腾讯不断跨界到对方业务，最终形成各自独有的生态系统，无论从用户数量还是应用范围来看，腾讯在社交领域、阿里在消费领域都形成了自己的坚固壁垒，但具有更大应用场景且事实垄断的阿里，仍然在社交板块执拗地做着尝试。阿里深刻意识到强化用户黏性和搭建社交关系链，将强化支付宝在未来的竞争力。

阿里最早在社交领域的产品是阿里旺旺，这款产品主要用于买家与卖家之间进行交流，但其使用场景有限。2012年阿里战略投资陌陌、2013年投资新浪微博并不断扩大股权占比至30%、2013年推出独自开发运营的即时通信软件"来往"，这一系列动作都意在阻击微信。"来往"曾有一天用户激增524万的辉煌，但是一年之后这个声东击西的战术性产品，也最终不了了之。2011年11月，支付宝推出圈子功能并进行灰度测试，而其中有几个圈子（校园日记、白领日记等）只准女性用户发帖，且规定评论照片必须芝麻信用过750分，这导致了大量衣着暴露的大尺度照片刷遍支付宝朋友圈，引起巨大争议。阿里"社交"再次失败。

除了这些产品之外，阿里仍旧在生活场景应用上发力，支付宝生活圈、生活号、咻一咻红包以及钉钉都是其在社交领域开拓的差异化产品。但生活圈的本质是社群，并非社交。社交玩家中，微信一家独大，在社交功能上，支付宝的用户活跃程度远低于微信，微信具备支付无须切换的优势，而用户则不会为了社交聊天而添加支付宝好友，日常聊天场景中的红包、转账等行为更是无从谈起。社群玩家中，百度贴吧最为活跃，甚至早期的天涯、猫扑、豆瓣社群也仍有存在感，不过社群基于用户的爱好、身份和标识，一旦用户在社区内找到归属感，便会提升对支付宝的依赖。因而，支付宝相信迟早有一天，用户也会习惯在生活圈发帖，在生活号里浏览资讯。

从推出基于LBS和AR的社交化游戏《萌宠大爆炸》，上线Live直播功能，可以看出支付宝深知只是作为一款工具性软件是走不长的，而用户是具备接受新事物的能力的。支付宝并非意在进军游戏领域，其目的在于用游戏化的虚拟互动将支付宝线上线下商户资源和流量用户资源完美互动和聚合起来，通过形成其日常社交的行为和活动习惯，留住并吸引更多的玩家，将其转为支付宝高频用户。

从表面看，支付宝越来越像微信，但支付宝想要的不是微信那样的社交，而是社交关系链以及社交带来的金融场景。社交仅仅是表象，微信冲击了支付宝，但腾讯微博无法替代新浪微博，支付宝也无法真正替代微信。

基于用户的视角，市场上现有的产品各司其职，已经满足了全部的需求。对于这样一款活跃渗透率仅次于腾讯系微信和手机 QQ 的大众应用，大众是认可支付宝的，但支付宝去做社交明显处于市场劣势。但恰恰因为支付宝过于强大的支付黏性和庞大的账户资源，每次社交迭代更新不仅会影响用户的体验，更要是在宣导一种社会趋势和价值观。社会对此仍抱有更大的期望，因此应该有相应的社会责任意识。从这个角度来看，支付宝和腾讯的互联网平台都应该要具有创新意识和底线思维。以用户为核心，提高用户体验，更要有担当，有所为有所不为，方能出彩。

4.2 谁是帝国拥有者——阿里合伙人制度

2014 年 9 月，阿里巴巴集团在美国纽约证券交易所上市成功，上市当天阿里巴巴股价暴涨，其市值一度达到 2314 亿美元，一跃成为仅次于谷歌的全球第二大互联网公司，当然伴随一系列新闻热点的同时，人们也关注到了导致阿里巴巴放弃香港转而奔赴美国上市的关键性因素，即阿里巴巴的合伙人制度。尽管马云多次否认其合伙人制度的双重股权结构属性，但业界仍有大量对此的探讨分析，同时也引发了双重股权结构是否该引入中国资本市场的激烈争论，以及双重股权结构是否能真正使得我国摆脱在资本市场制度竞争中的问题。

阿里合伙人的定义超越了传统合伙关系，也不同于传统意义上的双重股权制度。阿里的合伙人有着特殊的角色意义，它不仅是股东，还是"公司运营商、业务建设者和文化继承者"。阿里巴巴提出的合伙人制度的特点是"同股同权"的巧妙补充。从本质上讲，该制度不仅具有双重股权结构属性，而且可以说是结合了目前中国资本市场运行实际对双重股权制度的创新和完善，是升级改进版的双重股权制度。

"阿里合伙人制度"希望实现的是合伙人团队的共同愿景，"合伙人制度"是阿里内在动力机制。阿里巴巴公司有更崇高的愿景，阿里希望能走得更远，阿里致力于实现"百年计划",最初的创始人无法实现长久坚守,剩下八十年交由年轻人来守卫。"合伙人制度"能"传承创始人的使命、愿景和价值观,确保阿里不断创新,组织更加完善,在未来的市场中更加灵活,更有竞争力",成为真正的百年企业。相对于AB股制度公司命运在很大程度上系于一人,"合伙人制度"下,合伙人会议实现了一定程度上的集体领导,有利于公司内部的激励和主动性激发,具有一定的积极意义。阿里倡导员工入股,利用股票期权来作为人才的激励手段,实现资金、人才资本的两大收获。

4.3 多元价值的实现——蚂蚁金服的边界拓展

从蚂蚁金服的名字可以看出,其不是一家传统的金融控股集团,服务"草根"才是其核心,蚂蚁金服更像是实体经济中的一环,通过开放的方式服务于金融的各个环节,不断为推进金融机构和企业之间对等化、平衡化的金融新业态提供支撑。蚂蚁虽小,但其能量不可小觑。

4.3.1 普惠金融与社会责任

作为互联网金融的代表,蚂蚁金服在利用互联网技术的力量不断拓展商业边界的同时,也在金融普惠化、存款利率自由化、推动传统银行业转变的进程中发挥作用;为整个商业社会提供互联网基础设施,并以之升级整体商业形态。阿里正逐步往"实现让天下没有难做的生意,没有难贷的款"的目标靠近。

蚂蚁金服的定位与传统的金融控股集团不同,其致力于服务传统金融市场"二八原则"中照顾不到的80%的小微企业和普罗大众,推进金融服务平等,助力现代、开放的金融体系。服务"草根"群体消费者,这既是其发展的基石,也是其成为"国民企业"的责任体现。

支付宝当前用户数量达到6亿,一二线城市居民中早已大规模普及,但面对中国6亿的庞大的农村人口而言,普及度并不高。农村金融问题一直是老大难问题,有效需求的缺失、农民集体土地所有权流转的障碍都是农村金融发展的阻碍,而蚂蚁金服迎难而上,于2016年1月成立农村金融事业部,互联网、大数据和云计算技术将通过生态方法为农民提供服务,为农民生产和经营农产品提供综合金融解决方案。互联网、大数据和云计算技术将通过生态方法为农民提供服务,为农民生产和经营农产品提供综合金融解决方案。一方面,通过开通线上支付通道以及借贷服务,从而满足农户的购买消费和信贷需求;另一方面,通过与供应链中心企业合作,帮助上游农户解决生产资金需求、帮助下游销售企业在阿里电商体系中销售,打通"生产——供应——销售"的产业链。阿里将电商、本地O2O、金融等业务深入三四线城市、农村地区，用移动技术的发展缩减城乡鸿沟，甚至蚂蚁金服还与农业龙头企业进行合作，这都将促进农业产业化、集约化发展并带来农村经济的跨越提升变化。通过便利的网络金融支付体系，实现低成本触达客户，迅速覆盖广大欠发达地区的普通百姓，填补了传统金融机构的空白，同时也带动了当地商贸、物流发展，促进经济的发展。

4.3.2 技术驱动与全球蓝海

在蚂蚁金服整个业务体系中，真正支撑这些业务的是冰山水平面以下的云计算、大数据和信用体系等底层平台。这样的平台链接着众多的金融机构，支撑着每天上亿笔的支付交易，具备强大的清算能力。蚂蚁金服近年来不断推进BASIC科技战略①，科技战略效果将体现在场景、数据和用户三方面——蚂蚁金服运用科技丰富应用场景、提升数据积累和运用，并通过流量导入和数据分析实现对长尾客户的覆盖和黏着。

除了将走向更加多元化的链接，蚂蚁金服还将向合作伙伴开放云计算、大数据和市场交易三大底层平台，建设信用体系，服务于客户需求和创造新价值，以开放的思路服务于更宏大的生态系统建设目标。

此外，蚂蚁金服还将全球化作为战略重点之一，在全球用户和商户网络已初具雏形的情况下，进一步打造新一代全球支付网络，实现服务全球20亿消费者和2000万家小微企业的目标。

往其海外探索之路看，阿里积极抓住了在国际贸易化和全球性消费背景下利用国内出口企业和居民潜力巨大的海外消费力的机会。2013年，支付宝超越美国PayPal和Square公司，引领全球移动支付行业；2015年，余额宝突破7000亿元规模，成为全球第二大货币基金、第十大共同基金。2015年4月，蚂蚁金服联合博时基金等发布全球首只电商大数据指数"淘金100"，为全球资本市场提供一个崭新的量化投资工具。

阿里金融的发展不仅使其成为影响中国网络金融的领头羊，其不断加速的海外扩张，也彰显出其全球性的影响。蚂蚁金服相关分支机构及业务登陆英、美、澳等68个国家400余个城市，支付宝合作者涉及韩、日、新加坡等商业机构，覆盖了亚洲、欧洲、北美等地区，支付宝具备14种货币的结算能力。通过跨区域的世界性合作，实现以中国为原点的消费者服务策略，满足国内消费者

---

① 指"Blockchain 区块链""AI 人工智能""Security 安全""IoT 物联网""Cloud 金融云"。

的海外消费需求；下一步战略则是实现服务海外当地国本土市场的开拓。

抓住网络技术发展机遇的阿里金融正引领网络金融跨越式发展。在"一带一路"倡议下，通过"技术出海、服务出海、风险控制能力出海"，参与印度、泰国、菲律宾、印尼四国的互联网金融支付基础设施建设，输出移动支付行业的中国标准，推广普惠金融的覆盖面。阿里在构筑全新的全球普惠金融模式的同时为当地经济发展赋能，进而促进跨境贸易和国内外企业商业往来，促进区域大合作和共同发展。

腾讯跨界竞争与互联网金融帝国缔造

腾讯公司创立于 1998 年 11 月，以即时通信和游戏起家。在此后的 18 年间，腾讯不仅成为行业翘楚，而且与阿里巴巴和百度并行成为国内互联网行业三巨头（BAT）。2017 年 3 月，腾讯股价在港交所较上月同比上涨 1.6%，市值达到 2790 亿美元，超过美国富国银行，成为当年国内第一大市值公司，全球第十大市值公司。其业绩比内强有力的竞争者阿里巴巴集团高出 104 亿美元。据摩根士丹利预计，2017 年腾讯公司支付业务的健康增长将成为亮点，受移动游戏、社交网络、在线广告和云计算业务的推动，腾讯 2017 年的营收将预计同比增长 34%。

腾讯旗下的通信产品 QQ 和微信在社交领域独占鳌头，其发展历程和垄断地位证明腾讯是社交行业经久不衰的王者。截至 2016 年年底，腾讯 QQ 的注册用户数超过 8.77 亿，而微信的注册用户数超过 8.14 亿，且以 39% 的同比增长率不断向上攀升[①]。可以说，腾讯是中国无可撼动的社交网络王者，如果说 Facebook 是西方世界的社交图谱，那么腾讯 QQ 和微信则是中国的社交图谱。

作为以即时通信起家的公司，腾讯不断致力于使其社交平台在用户分享和沟通两方面更具互动性，并连接更多线上及线下服务。对其旗下的两大战将 QQ 以及微信，腾讯则不断致力于为用户提供差异化体验。在游戏领域，游戏产业撑起了腾讯半壁江山，以营业收入计算，截至 2017 年 1 月，腾讯在全球顶级的 25 家上市游戏公司中排名第一位，赶超了暴雪工作室和索尼公司，成为全球最大的游戏公司。2014—2016 年腾讯公司营业收入构成，见图 1。

在庞大盈利数据的背后，是腾讯数年如一日地发掘业务深度和创新点，不断深化的布局以及调整的策略。目前，腾讯已从传统的社交和游戏平台逐步转型为一个集社交通信、网络游戏、搜索广告、娱乐影视、云服务和金融服务于

---

① 数据来源：http://www.199it.com/archives/403669.html。

图1　2014—2016年腾讯公司营业收入构成

一体的互联网"巨无霸"。自2016年始,支付作为新业务在年营业收入构成中占比蹿至7%,真正成为腾讯盈利的模块之一。截至2016年12月,腾讯移动支付的月活跃账户及日均支付交易笔数均超过6亿。腾讯的支付相关服务为广泛的线下消费场景(如出租车预订、便利店、餐厅及超市)提供了快捷无缝的体验。腾讯通过与代理商合作及简化商户接入流程来提高商户渗透率。腾讯的商业支付交易量增长迅速,从大型线上商户快速扩展到各类线下商户。腾讯稳固的支付基础架构使得其在支付安全、服务可靠性及交易速度方面不断提升,从而保障了腾讯在春节期间能够实现稳定地处理每秒76万个的红包峰值。

腾讯在支付领域展现的后发优势及其金融布局,标志着腾讯正在经历依托社交平台向互联网金融生态圈的跨界转型。

1 腾讯——庞大帝国的成长路

1.1　1998—2000年QQ初现雏形

1998年马化腾创办了腾讯,针对客户即时通信的核心需求点,做出了第一个版本的QQ。QQ在软件设计上给用户提供了很多可爱的卡通头像,满足了用户在互联网的背后对另一端聊天人的理想模拟。早期QQ在功能上做到极简的设计,只针对核心功能为客户提供基础服务,做到了简单、快捷、体积小,这成为初期QQ能够在市场上存活下来的重要原因。

---

① 数据来源:https://www.tencent.com/zh-cn/index.html。

1.2 2003年推出互联网增值服务

2003年，腾讯在QQ头像成功受用户欢迎的基础上尝试推出QQ会员以及QQ秀。QQ秀推出初期便可支持用户改变自己的虚拟形象，可以买虚拟衣服实现变装。QQ秀一经推出便取得了巨大成功，成为腾讯第一个赚钱最多的业务。QQ秀是用户第一个愿意为它付费的业务，让腾讯摆脱了对中国移动的依赖。大家为了展示自己的形象，从而愿意把钱充到Q币账户里面购买增值服务。这也为下一阶段网络游戏打下了很重要的基础。

1.3 2004年进军网络游戏市场

2004年伊始，中国网络游戏市场开始蓬勃发展，腾讯也加入这个新兴市场瓜分"蛋糕"。最早腾讯是从开发棋牌游戏起家，在两年内超过了原本占据市场第一的联众。其中，腾讯棋牌游戏最为热门的是QQ斗地主，最多的时候有两三百万人同时在线。

游戏业务是奠定腾讯商业模式很重要的开始。2004年到现在，腾讯超过一半的收入来自游戏业务，因为其商业模式非常清晰，往往很轻量的消费就可以获得很愉快的娱乐体验。

1.4 2004年同期发力媒体以及广告业务

2003年年底，腾讯推出了qq.com新闻平台。由于腾讯本身是即时通信公司，故为了吸引用户，腾讯设置了QQ弹窗，可弹出腾讯新闻。尽管当时腾讯的新闻质量和编辑能力与网易、新浪等存在差距，但大家逐渐接受了以弹窗形式发布的新闻。

1.5 2005年布局Web2.0，推出Qzone

2005年，腾讯布局了新的业务领域"QQ空间"，这是QQ的延伸。2005年数码相机开始在国内兴起，越来越多的用户开始使用数码相机，并且有强烈的分享欲望。腾讯针对此种用户需求将精力专注在QQ空间中的QQ相册里。

QQ相册初期运营的时候照片上传量在几百万到一千万左右，由于上传量巨大，腾讯因遇到很大的技术瓶颈而迟迟未超越当时的竞争对手51.com。之后，腾讯专注于开发服务器，投入大量人力、物力在基础设施和用户体验上，在两年内逐步超越了51.com。

1.6 2005年开拓搜索业务及电子商务

2005年腾讯发布战略,布局搜索和电子商务业务。在传统行业,多元化业务很容易失败,直到今天,主流理论依然认为一家公司只有聚焦一件事情才能取得成功。但在2005年,阿里巴巴方才兴起,互联网行业仍处于跑马圈地阶段,大量荒地没有被圈养。故而在当时,互联网边际成本较低,新领域获得成功的概率较大,因此腾讯当时积极布局多元化业务。

当然,腾讯的多元化战略也并非全部成功。即使腾讯在搜搜和搜狗合并后,曾将QQ浏览器的搜索框默认为搜狗,但超过一半的用户会手动将默认搜索引擎改成百度。这说明百度搜索业务的品牌黏性强于腾讯。

在电子商务领域,由于淘宝阿里属于先入市场者,淘宝C2C模式建立了巨量级的买家数额,消费者已经熟悉并习惯于淘宝的网购模式和支付宝的付款模式,对腾讯旗下拍拍网和财付通的接受程度不高。且腾讯所创造的拍拍网和淘宝网的网购方式雷同,简单粗暴的运营策略和层出不穷的假货问题都使得拍拍网无法打破行业壁垒,与淘宝网一争高下。而在2014年,拍拍网被腾讯转卖给京东,彻底宣告腾讯电商业务的失败。

1.7 2009年开启PC产品移动化

在2009年之前,腾讯开发的所有产品几乎都是基于PC端的产品。但这个时候,随着智能手机开始崭露头角,搭载塞班系统的手机日沉西山,腾讯看到了智能手机巨大的市场前景和由此而来的PC端转向移动端的趋势,故从QQ开始,到手机腾讯网等产品,腾讯开始逐渐将PC产品移动化。

1.8 2011年生死关头推出微信

在2011年,小米推出了新产品——米聊,引起了腾讯的警惕。米聊是一款跨通信运营商的手机端免费即时通信工具,可以和米聊联系人进行实时的语音对讲、信息沟通和收发图片。此种新颖的聊天功能对QQ产生了很大的威胁,而腾讯公司内部也因此产生了分歧,到底是开发QQ新功能,以QQ来竞争,还是启动新的产品呢?

最终腾讯选择以微信和米聊打擂台,将公司所有的力量调动起来强推此款新产品,并且把QQ的用户引流至微信,使得微信在几个月的时间内迅速发展。微信当时推出的语音对讲、微信群,语音聊天等新功能,让其得以借助用户体验的东风呈几何爆炸式发展,才奠定了微信今天在移动互联网第一入口的地位。

1.9 2014年剥离长链业务专注核心业务，连接一切

在1998年至2011年的很长一段时间里，互联网行业大致处于内生增长模式，当一个新产品出现，可以通过公司自身的资本和技术积累将其做大做强。这些业务的特点就是价值链较短，在高质量内容和巨大流量的加持下，慢慢便能取得市场地位。其针对的是主体客户价值，而忽略了更为广阔的长尾市场。

然而在2014年，腾讯做了一个新的更大的变化——"剥离"。很多新的领域价值链越来越长，不同的新模式需要数千名地面人员以搭建不同的文化和组织架构。这是腾讯所不擅长的方面，故腾讯开始和其他公司展开合作，将自身不擅长的业务剥离出来，搭建一个全新的生态模式。

从此时开始，腾讯慢慢走向开放的战略，与更多的战略伙伴一起合作，提供流量、入口和庞大的用户群，从而实现共赢。2014年，腾讯旗下的支付产品微信支付与滴滴打车合作，在春节前夕的一个月内创造了7000万单的巨额出行订单。而微信支付通过满足人们的小额高频的出行需求，获取了大批用户，增强了用户黏性，为微信支付的发展壮大开辟了道路。而以此，微信也看到一条全新的道路，即将微信作为一个一级入口，连接第三方软件，如紧随其后的大众点评、美团、京东优选、美丽说等。微信坐拥着海量的用户，天然就有着入口的优势，故腾讯试图将微信支付打造为一个连接一切的入口，海量功能，皆入微信。腾讯帝国业务年鉴，见图2。

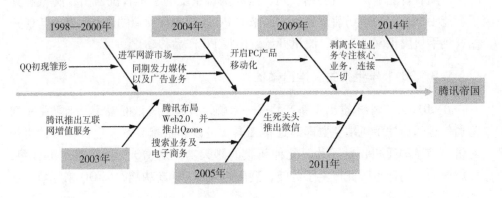

图2　腾讯帝国业务年鉴

2 社交巨头——即时通信

2.1 一代即时通信——QQ

在全球性社交营销机构"We Are Social"对世界大型网络社交平台进行的调查排名中,腾讯公司旗下的QQ、QQ空间和微信分别位列第二、第四和第五名。"We Are Social"在其报告中指出,Facebook月活跃用户数达到13.5亿,位列第一,而QQ以8.77亿紧随其后,位列第二名。微信尽管位列第三,用户数也达到了7.61亿[①],但其在2016年前三个月一直保持着惊人的增长率,同比增幅为39%,照此趋势,微信有望彻底超越QQ,夺取腾讯即时通信的头把交椅。凭借其巨额的用户使用数,在中国,"一开电脑就上QQ"和"一开手机就登录微信"已然成为一种最具中国特色的互联网文化现象。本文将根据此现象,具体分析腾讯的两大即时通信产品。

腾讯QQ于1999年2月推出,至2016年12月31日,注册用户数已超过8.79亿。以腾讯QQ为代表的即时通信软件,深深地影响着我们的生活,成为每个人生活中必不可少的一部分。最初的QQ名为OICQ,只有两个功能,即用户列表和即时聊天。ICQ取自英文"I seek you"的谐音,一经推出便受到网民的喜爱,在头6个月内其注册用户迅速攀升至85万,凭借其卡通形象有趣、校园学生用户庞大和极易上手操作的特性迅速占据国内市场。2010年,QQ同时在线用户首次突破一亿,成为其里程碑式的纪念。而QQ的成功,与其虚拟的人际传播模式是分不开的。

以腾讯QQ为代表的即时通信是在网络媒介上进行的,基于虚拟的环境下,用户和对方的沟通也是在期待和构想中展开的,由于QQ是匿名的,且QQ头像可以自己用图片替换,用户可以自由地对对方进行想象,在聊天的同时也在很大程度上满足了自己对虚拟交友的幻想。这种准确的心理和情感定位造就了QQ的成功。一般来说,大众交往的范围较为有限,交流圈子往往局限在熟悉的亲人、朋友和师长中,基本上没有与陌生人交流的余地,而QQ的出现则克服了许多面对面交流的顾虑和障碍,使其交往圈向外扩展。同时,由于现实中存在着诸多压力,这些压力人们有时候不愿意向亲近的人倾诉,而互联网创造的虚

---

① 数据来源:http://www.199it.com/archives/326417.html。

拟空间为人们提供了情感释放和精神解压的场所。而 QQ 的匿名性为人们提供了隐私和安全感，有助于陌生的双方拉近距离感，实现远距离的快速沟通。因此，从虚拟的人际传播模式看，QQ 为广大用户提供了一个个性化、私密性的交流空间，用户能在此找到归属感和认同感，加之腾讯 QQ 出现时间早，中国的即时通信市场呈现明显的马太效应，QQ 很快便以先入者的身份占据了中国的广大用户市场。

在迅速占领市场的同时，QQ 能打败诸多竞争者还缘于其准确的市场分析和使用者定位。从麦奎尔的消费市场理论来看，充分了解特定的媒体讯息所指向的潜在消费者集合体，从而成功地占领了市场。根据 2016 年《中国互联网发展状况统计报告》显示，截至 2016 年 6 月，中国网民年龄以 10～39 岁群体为主，占整体的 74.7%，其中 20～29 岁的青少年网民占比最高，达 30.4%①。其分布如图 3 所示。

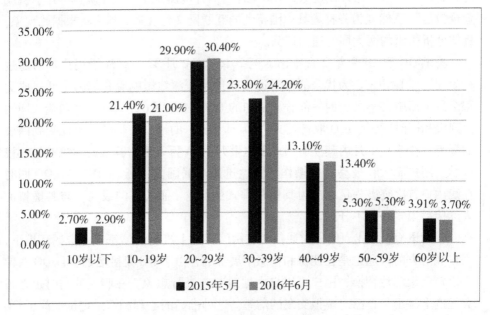

图 3　中国网民年龄结构

由此可见，青少年是网民中的主力军，也成为 QQ 的核心用户群体。青少年思维跳脱活跃，观念新潮时尚，对网上交友好奇且乐于尝试，而全新的网上

---

① 数据来源：http://news.xinhuanet.com/comments/2016-09/23/c_1119605090.htm。

交友软件也给年轻人打开了一个通向全新世界的机会，让其可在其中发泄内心情感并进行思想的交流。因此 QQ 把目标客户锁定在青少年身上，塑造了一个年轻人的文化空间，最大限度地扩大了青少年的交友范围，只要有网络和 QQ 号，用户可以和虚拟世界的任何一个人进行交流。QQ 传播的人性化使得很多青少年用户产生了沟通依赖，网聊成为现实聊天的转移。

除此之外，QQ 不仅仅是一款简单的聊天工具，在数十年的不断发展下，其兼具聊天、传输文件、游戏、分享空间、音乐、邮箱、网盘等多种功能。其扩大的增值服务，媒体服务内容的多元化、个性化也成为 QQ 能屹立不倒的原因之一。

2.2 继承 QQ 的"富二代"——微信

伴随着移动互联网时代的到来，传统即时通信软件市场受到挑战，小米公司推出米聊，用户可以和米聊联系人进行实时的语音对讲、信息沟通和收发图片。此种新颖的聊天功能对 QQ 产生了很大的威胁，腾讯也必须对此市场新秀做出反击以守住现有地位。因此，腾讯公司在 2011 年推出了一款能够发送文字、语音、图片和视频的手机聊天软件——微信。该产品大获成功，用户破亿仅仅花了 433 天。究其原因，微信的成功之处又和 QQ 有所不同，它的成功很大一部分原因是来自对 QQ 的继承。

首先，微信继承了来自 QQ 的社交圈。从微信的功能演进中便可看出，QQ 的 8 亿用户是微信推广中的巨大优势。通过 QQ 通讯录可直接添加好友，微信以 QQ 好友通讯录为基础，为用户提供了更加方便快捷且新颖的即时通信方式。且微信在传递信息的方式上较 QQ 有了更大的突破，它是利用文字、图片、语音进行快捷定向的即时通信，同时在此基础上开辟出更大的空间，强化了全媒体时代人与人之间交互的及时性和多元性。

其次，从 QQ 到微信体现了隐私权限的优化。2012 年启用的朋友圈乍一看和 QQ 空间十分相似，但比 QQ 空间更加简单和私密。正如朋友圈这个名字，其表明微信是一个有着私密社交性质的交互工具，以朋友间的私密交流而不以广泛的互动为目的，用户所发的动态不能被非好友所看到和评论，因此使用者不必担心自己的信息会面向陌生人公开。甚至用户可以设置分组，对不同的好友设置不同的权限。由于能够自我掌控信息的流向，用户可以尽情地抒发心情和感受。

最后，微信在功能定位上和 QQ 是有所区分的。微信在创办之初，其理念便旨在使用语音进行交流，而有别于传统的即时通信软件。语音传递的最大优

33

势使得聊天更加便捷真实，语音也比文字和图片更能表达使用者的情绪，起到拉近距离、增强信息传递有效性的作用。同时，若是使用者较为繁忙，无法打字，直接用语音交流也是更为方便的方式。

3 跨界为王——崛起中的腾讯互联网金融帝国

2014年新兴媒体开始了金融化的趋势，美团、大众点评和百度糯米之间的战争趋近于白热化，三家誓要以更低的价格和更高的用户补贴争取到最大的消费者黏性，从而不惜以极大的人力和市场投入来维持现有的格局。同样，软件之间的战争也在悄然兴起，背靠着腾讯的滴滴打车和牵手快的打车的支付宝同样展开了一场激烈的厮杀。所不同的是，在打车软件大战的背后，隐藏着腾讯布局跨界经营的决心。

3.1 从社交到支付的跨界竞争

从2005年开始，腾讯便推出第三方支付平台——财付通，其在推出后便取得了不俗的成绩，在市场占有率上紧随支付宝。但在7年发展路中，财付通始终不敌支付宝，在市场份额方面远远落后。其原因主要在于电商是腾讯的短板，不管是建立拍拍网、收购易迅入股京东到建立自身微商系统，腾讯的电商布局从来没有停止过。但是，这些做法似乎都不成功，尤其是微商，由于太过依赖微信朋友圈的传播途径，在产品质量和用户的购物体验跟不上的情况下，很快被贴上了"杀熟""传销"的标签。而与京东的合作，也使微信沦为纯粹的电商导流平台。

同时，由于财付通进入市场较晚，消费者已经熟悉并习惯于淘宝的网购模式和支付宝的付款模式，对拍拍网和财付通的接受程度不高，且其运营策略简单粗暴，造成大量长尾店铺、商品得不到展示机会。卖家要展示自己的商品，获得点击量，只能通过购买活动页的展位，或是通过QQ进行自主传播，再加上第三方营销工具的缺乏，造成到店转化率极低。

因此，种种原因造成腾讯最初进军电商和第三方支付的战略并不成功。因此，腾讯在2014年宣布将拍拍网和QQ商城等电子商务业务转让给京东。此举意味着腾讯放弃模仿构建一个与淘宝相似的电商平台，转而与京东联合，向京东提供了手机QQ和微信的一级入口位置，并最终将战略中心转向以微信支付为代表的移动支付生态布局。

随后腾讯通过与滴滴打车联合，将其作为第三方软件链接进微信支付的入口中，通过与滴滴打车联合的补贴，发放滴滴红包，以及鼓励用户在使用后将打车界面分享至微信朋友圈的方式有效地对微信支付进行了宣传，使很多用户习惯且依赖于使用微信支付进行日常高频的支付，如出行、餐饮、娱乐等，这些都帮助微信支付度过了最初的冷冻期。

其后，在2014年春节前夕，腾讯推出微信红包。微信红包极大点燃了人们使用微信支付的热情，而这种热情在春节这个特殊的日子里爆发，更使得使用微信支付的用户有了指数式的增长。首先，新年红包由传统的现金赠予方式转为长辈向晚辈发放微信红包。而新年红包的数额往往较大，刺激了资金在银行账户和微信红包间的流转。微信红包获得的资金存入微信钱包后，部分用户往往不予提现，而将其作为日常支付的方式。随着第三方支付理念的兴起和二维码的普及，使用微信作为日常支付的工具占比逐渐增加。其次，微信红包成为社交沟通的一种方式，不定额红包的机制激发用户抢红包的热情，从而"反哺"了微信红包的使用。同时，微信红包还增添了用户在微信聊天中的活跃度，社交与支付方式的并行以微信红包为契机完美地结合在一起。

3.2 倾力打造移动支付生态圈

随着移动互联网的快速渗透，移动化、社交化、金融化已成为互联网发展的必然趋势，PC端也正在无限向移动端转移和倾斜。腾讯作为中国的"Facebook"，拥有完整的中国社交图谱和最为广大的社交用户，其通过QQ和微信铺陈的移动生态圈也愈发被用户所接受并不断成长壮大，抢占市场覆盖用户。其利用本身的社交优势所产生的用户聚集效应和用户黏性，链接移动支付、个人金融、生活服务、电子商务、线下娱乐等多种功能，并通过其自带的第三方支付功能连接线上用户和线下商户，打造O2O生态闭环。因此，其基本的战略在于以微信、腾讯QQ和公众平台为基础，连接用户、商品和服务，打造自身的移动生态圈。

为实现此战略，腾讯先收购了拥有甲级地图测绘牌照的四维图新，奠定了移动生态圈的基础，即实时地理位置。同时，腾讯上线了微信钱包和QQ钱包，用户可将银行卡与其连接，从而实现移动端支付。为打开微信支付使用的瓶颈，腾讯与滴滴打车合作，通过高额的打车补贴，滴滴红包聚拢了大批用户，提高了微信支付的使用黏性，将此种支付方式推于人前。使得用户在遇到小额高频的出行需求时，习惯于使用微信支付进行结算。接着，在用户习惯使用该种移动支付方式后，将大众点评、美丽说等第三方软件接入微信支付，初步涵盖了用户的生活娱乐、网上购物等基础需求，形成了第一批线上线下联动的 O2O 产业闭环。与此同时，腾讯将腾讯电商拍拍网、易迅等难以取得大额进展的电商业务转卖给京东，同时对京东开放其内含于微信支付的二级入口，以京东的品牌和流量来带动自身移动平台。

在用户习惯于使用微信支付后，腾讯又将其旗下的理财 App——理财通接入微信钱包的入口中。其包含稳健理财和浮动理财两个部分，分别适合保守投资者和进攻性投资者，且其年化收益较高，平均年化收益在 3.9% 至 5.1% 之间浮动[1]，较阿里巴巴的余额宝的年化收益平均高出 0.4 至 1.1 个百分点。通过微信红包和滴滴出行，微信用户养成将零钱存在微信钱包中的习惯。而在 2016 年微信钱包提现开始收费之后，其变相地倒逼用户将现金留在钱包账户中，而闲置的资金自然而然可以存入腾讯理财通中，随时提取，并收取利息。由此，腾讯不仅成为 O2O 的温床，同时构成了初步的移动生态圈，即连接了个人金融、移动支付、生活娱乐、医疗服务等多链条。

从微信方面看，进入移动生态圈的两大入口是二维码和地图所支持的 LBS，LBS 一上线便强化了微信摇一摇和扫描附近的人功能，有效地提升了其社交价值，而在移动支付方面，LBS 是有效连接线上和线下，强化和稳固微信 O2O 生态圈所不可或缺的。而微信钱包将移动生态真正封闭起来，使得腾讯完成了即时通信基础上的交易生态。

从 QQ 方面看，其作为移动支付的功能较弱，QQ 钱包被用于日常高频支付的频率较低，在移动支付方面 QQ 钱包逊于微信钱包。其连接金融主要在于其庞大的 QQ 游戏用户。自 2012 年腾讯携手天美游戏制作公司推出一系列单机游戏如最初的天天酷跑、天天爱消除到后期的御龙在天、穿越火线和王者荣耀，QQ 积累了大量的忠实游戏用户，而嵌套在游戏中的收费功能也由此展开，用户为了在游戏中冲关和突破记录，对小额的游戏费用并不在意，因此衍生出了用 QQ 钱包支付游戏费用的习惯。

腾讯移动支付——QQ 钱包和微信支付的出现，大大加快了金融领域"脱媒"的进程，对于打破银行支付垄断、引入竞争机制具有重要意义，其核心贡献在于使银行不得不正视来自互联网金融的挑战，打破其垄断地位，逼迫其为了提高竞争力保住存款，推出各自的类余额宝产品并提升用户体验以守住自身用户市场，从而提高自身的市场竞争力。这对银行而言无异于自我革命，势必加剧银行业的自由竞争，并倒逼银行业进行金融产品创新及改革。可以预见，

---

[1] 数据来源：微信钱包二级入口腾讯理财通。

微信支付等第三方支付带给金融业的改变远没有结束。在良性竞争的背后，将是更多的用户选择更好的消费体验以及更好的服务水平。腾讯的移动生态圈结构可用图4表示。

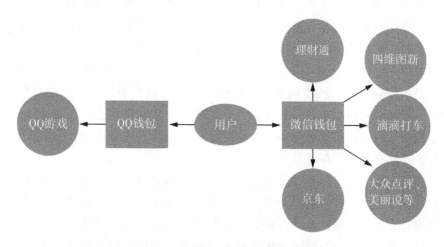

图4　腾讯移动生态圈结构

3.3　从支付到金融的生态布局

相较于阿里巴巴从电商到金融的生态布局，腾讯则着眼于从社交支付到金融的生态布局。滴滴打车和微信红包帮助微信支付度过了最初的冷冻期，继而理财通接入微信支付，从而带来了理财、贷款、征信、众筹等一系列互联网金融功能。微信支付和QQ钱包已不再是简单的支付工具，其作为互联网金融流量的入口打开了腾讯金融布局的大门。

在互联网金融领域的布局上，腾讯可谓是涉猎广泛，成为集支付、理财、保险、银行、微贷、征信等多功能一体的金融大玩家。目前，腾讯通过整合旗下的业务，已初步形成互联网综合理财、小微借贷、线上线下支付和大数据征信等多元化的生态布局。

3.3.1　微众银行+微粒贷——造福长尾用户

腾讯旗下的前海微众银行在2014年12月被中国银行业监督管理委员会（以下简称"银监会"）批准开业，成为第一家上线的互联网银行。站在国家鼓励普惠金融互联网公司创业的风口，微众银行抢得先机，占据了优势。

在定位上，微众银行旨在为用户提供购物、旅行等个人消费的金融服务，其主旨是"小存小贷"。从上线开始，微众银行便更侧重于移动端，无营业网点和柜台，而是依托于互联网为目标客户提供服务，并通过人脸识别技术和大数据信用评级发放贷款。在客户定位上，腾讯的微众银行针对的是社交关系用户，用户主体为个人用户，企业用户较少。在微众银行提供的众多产品中，微粒贷占据用户的市场份额最大，是其最受消费者欢迎的一项产品。

微粒贷登录微信，是微众银行探索消费者市场和加速扩张的一大信号。2014年7月，微粒贷获得筹建。2015年5月，微粒贷登陆手机QQ客户端；同年9月，登录微信。从功能来说，腾讯的微粒贷就相当于支付宝的蚂蚁花呗、蚂蚁借呗和京东的京东白条。在微信支付和支付宝在移动支付市场持续不断的拉锯战中，腾讯希望通过向QQ和微信用户贷款的方式来进一步扩大微信支付和QQ钱包的市场占有率。

作为一款以用户信用为基础的贷款产品，微粒贷在筛选贷款人的方式上采取的是邀请机制。其将用户分类，在白名单上的用户可向微粒贷申请贷款。与普通银行贷款所不同的是，微粒贷旨在帮助个人和小微企业获得贷款，如想要创业的大学生、白领、餐馆老板等都是微粒贷所关注的贷款群体。很明显，微粒贷事实上是腾讯版的"普惠金融"，其将关注点放在长尾价值的客户群体上。但由于这类客户群体没有足够令人信服的信用记录，同时其调查成本高，那么筛选合格的白名单人选就成为微粒贷的重中之重。

微粒贷的数据来源大致分为两类，其一是个人或小微企业的征信记录，但数据十分有限。其二便是公安机关、互联网金融公司所合作的数据平台，如支付宝所拥有的芝麻信用等。但这些数据渠道往往很难公开分享，故大多数据还是来源于腾讯自身的生态体系，如从微信和QQ中产生的社交数据，以及从微信支付和其接入的第三方软件中所获得的交易数据。其中，社交数据是微粒贷评定个人用户信用的重要因素。毕业院校、朋友圈更新、互动频率等都会成为考量的标准。比如用户来外省工作，朋友圈更新频率稳定，说明用户有固定工作，资金来源稳定，履行还款的可能性高，则微粒贷更愿意给出相对较高的贷款金额。

微粒贷创新的一点还在于其在贷款利率方面实行差别定价。如一个工资收入稳定的贷款者，其会享受较低的利息。如果是一个信用记录缺乏的年轻用户，利息会相对较高，以此来防止其无法还款的情况出现。

3.3.2 保险——互联网保险行业对实体保险行业发起的冲击

2017年1月20日，英杰华集团向公众披露，其与腾讯公司达成协议，同意在香港成立专注于数字保险服务的新型保险公司,协议完成后,腾讯将持有英杰华公司20%的股权。这并不是腾讯第一次将业务扩展至保险领域,其早在2013年便联合阿里巴巴和平安保险成立了国内首家互联网保险公司——众安保险。由于国内保险业发展水平远落后于发达国家,但随着公众保险意识不断提高,保险产品推陈出新,保险行业呈现出巨大的发展潜力。对于传统保险业务来说,其大多为储蓄型保险,门槛高、回报低,故用户对其兴趣不高。而通过互联网平台经营保险,通过大数据、区块链等新兴技术优化保险业务和产品结构,进行风险控制、智能化寻找潜在客户等,能够更大地发挥保险自身的功能,发展普惠金融,满足普通消费者的需求。

相比传统保险行业,互联网保险企业更为灵活,由于不需要线下网点,其服务速度也优于传统保险公司。例如,众安保险在2015年8月携手微信和航联,推出"即买即用"的航空延误险。用户在起飞前4小时到延误发生的2小时可通过微信摇一摇购买航空延误险,赔付上限为1000元。相比普通航空延误险,其不需要提前一天购买激活,符合大部分用户在时间选择上的需求。因此,腾讯在保险产品的设计上旨在推出简单化、简明易懂的保险产品,使用户一看则懂,方便与相同维度的产品相比较,在对比后产生购买的决定。在未来,互联网保险行业会有更多的创新,也不会单单局限在网上购买保险,通过互联网技术将线上和线下的服务结合起来,才是互联网保险的应有之义。

3.3.3 腾讯征信——去中心化的征信方式探索

在阿里巴巴通过支付宝开通了芝麻信用后,腾讯也不甘示弱,建立了腾讯征信系统。相对于芝麻信用主要依靠用户网上购物所产生的数据,腾讯征信的数据主要来源于用户的社交数据。同时,微信支付和QQ钱包每天发出的支付笔数超过5亿笔,对数据的贡献也不容小觑。

腾讯征信的逻辑在于,用户的朋友圈和关系链能够反映其信用表现,从而使得腾讯通过对用户的关系链进行大数据分析便能得到更为准确的信用反馈。

更具创新意义的是,腾讯征信不仅仅是对去中心化的自然征信的探索,同时它也为国内征信记录的收集提供了新的方法和渠道。更广的征信覆盖面将直接推动我国普惠金融的发展,提高长尾用户端,尤其是在银行缺乏有效信用记录人群的贷款获得能力,从而实现普惠金融和共享经济。这与腾讯所秉承的"连接一切"的开放战略也是契合的。在互联网征信体系的作用下,市场将能够更加高效和灵活地配置资源,为长尾用户提供贷款,从而促进经济的健康发展。

3.4 腾讯金融布局之道——开山辟路，步步为营

如今腾讯金融布局的逻辑是以"开放创新"为锚，涉足银行、小微贷款、征信、保险等多方面领域的业务。其中，又以微众银行为开拓局面的基础。互联网银行针对个人和企业的小额贷款的需求，利用互联网平台开展业务，并引入国家级的银行风控体系，最大程度降低借贷风险。同时，腾讯利用自身的社交数据优势提升个人征信的准确性，不仅能够形成系统化的征信评分，在未来也具有广阔的商业应用的可能性。在保险领域，腾讯旨在为用户提供轻量级、简单便捷的保险产品，与传统型保险业务争夺市场空间，并倒逼传统保险业务进行技术革新和用户体验升级。腾讯金融板块布局如图 5 所示。

图 5　腾讯金融板块布局

随着互联网金融蓝海市场被越来越多的公司所分割，市场竞争愈演愈烈，全方位的互联网金融布局便有着越发重要的地位。通过全方位、多层次的金融产品的叠加，腾讯为用户提供了传统行业所不具备的开放的金融平台。

4 腾讯砥砺前行

4.1 腾讯核心竞争力——基于社交信任的用户强关系链

在 1998 年腾讯刚刚起步的时候，市场上并非只有 ICQ 一家聊天工具，与其同期的还有 MSN、yahoo 通，而在美国大热的 Facebook 也曾经想进入中国市场，而最终只有腾讯取得了成功并延续至今，一个很重要的原因就是中国和美国的社会关系和用户关系链不一样，导致舶来的 MSN 等聊天工具在中国遭遇滑铁卢。

我们能够很清楚地看到，QQ 上面固定的好友之中，绝大部分是用户自己的亲友和同学，这种关系是用户自身所独有并且带到 QQ 中来的，并且通过 QQ 即时通信的功能不断加强这种凝聚力，当此规模达到一定程度时，这种用户之间的强社交关系链在 QQ 上趋于稳定，并给腾讯带来收益。

在强社交关系链下，这种信任的机制能够克服互联网中用户间的不信任和无序性，从而为降低传递成本提供了可能，因此，QQ 和微信成为一个有针对性的高效宣传平台。同时，基于信任基础的社会化关系网络也能使得交易成本降低。

在强用户关系链下，腾讯覆盖了每个网络用户的关系种类和朋友圈，构建在线生活平台的过程中，通过即时通信、QQ 空间、微信朋友圈、QQ 邮件、微信支付、QQ 钱包等产品和服务，聚合了用户多重关系，构建起庞大的用户关系链，这些关系链不断重叠形成生态圈性质的网络，并不断向外扩展和延伸。

另外，用户关系链能够形成品牌的互动，即跨平台产品的对接和互通互联。腾讯通过融合聊天信息、沟通、资讯、娱乐、游戏、支付等多个平台，在每个平台上匹配不同的广告产品和营销模式，使得平台在强大用户关系链的基础上形成用户口碑、粉丝累计、主题活动等，使信息和品牌效应在平台之间进行精准传播。在用户关系链上，腾讯的产品逻辑是发布新产品或推出新品牌，紧接着驱动用户关系链进行传播，在平台上对接用户的信息反馈，最后管理品牌口碑。

从上述分析我们可以看到，腾讯的核心产品表现在社交性产品上，其核心竞争力是强有力的用户关系链，即腾讯真正赖以发展的基础来自通过社交关系网络而扭结在一起的固化的强关系，正是这种优势和竞争力在促使腾讯不断地发展和壮大。它是腾讯极大的优势，但不是绝对的优势。

腾讯的整个体系都对社交产品、社交产品带来的用户关系链和现有的社交地位过分依赖。回顾腾讯的产品线，QQ、微信乃至其衍生出的QQ空间、《QQ农场》、朋友圈等产品都是以庞大的用户关系链为基础的。而那些真正与用户之外的实物关联的产品，往往没有成功案例。拍拍网就是一个反面的案例。尽管腾讯坐拥着海量用户，拥有强大的用户关系链，但这种关系链是体现在用户之间的交互和社交上的。当腾讯的产品要求从社交转向实物时，这种转化率不尽人意。用户群的虚大背后，隐藏的是腾讯对线上线下资源整合、运营能力的欠缺。

强大的用户关系链作为整个腾讯竞争力的基础、平台和核心，并非取之不尽用之不竭的宝贵资源，它也是有两面性的。用户关系链在给腾讯业务带来资源和机会的同时，也在慢慢成为其软肋——用户关系链一旦丧失，腾讯则会牵一发而动全身。

4.2 腾讯的"拿来主义"——是抄袭还是微创新

在互联网领域，腾讯最为人诟病的往往是其抄袭和借鉴的经历。腾讯自1998年靠模仿起家，到2005年支付宝异军突起，腾讯见其中蕴含着巨大的商机，迅速推出了与之业务和功能相似的财付通；2010年，腾讯借鉴如火如荼的新浪微博，推出了腾讯微博；2011年，腾讯被指旗下游戏《QQ农场》在画面和游戏体验均抄袭《牧场物语》。时至今日，仍有很多人指责腾讯的诸多游戏借鉴并抄袭国外著名游戏，在此名声下，腾讯电影《魔兽》上映时，观影的用户对影片开头腾讯的logo嗤之以鼻。因此，腾讯这种"拿来主义"广受互联网各界的非议，出现了腾讯一味模仿而扼杀创新的论调。诚然，腾讯在许多产品上存在着抄袭和借鉴，但其并不是对产品模式和体验的完全照搬，而是结合了腾讯庞大用户的独特需求，在产品上开发出更具吸引力的活动，推出更优秀的营销手段和更好的服务器，乃至很多山寨来的产品比原作更有人气。腾讯式创新，正是这种以用户为核心的"借鉴式微创新"。

4.3 腾讯由内生增长至投资驱动的华丽转型

2016年6月21日，腾讯发布公告称已决定收购Supercell公司的84.3%的股权，交易总额达86亿美元，腾讯凭此从一家互联网大企业变身成为全球游戏巨头。该笔收购不仅有助于腾讯继续提升游戏收入并调整PC端和手机端游戏的营收结构，还有助于腾讯的国际扩张，弥补单独依赖于中国市场的潜在风险。

此次兼并与收购并非腾讯首次用雄厚的资本收购国际知名公司,早在2011年,腾讯就在一年内进行了不下十次收购。其中,最具影响力的是以8440万美元成为纳斯达克上市在线旅游服务商艺龙的第二大股东和以6900万美元获得华谊公司4.6%的股份,这些兼并与收购的案例将腾讯带入了一个由外部投资驱动的全新时代——一种不同于内部积累的增长模式,但与当前和未来形势相符的模式。

而腾讯之所以由内部增长模式晋升为外部投资驱动模式,来源于互联网行业的持续演变和发展,行业内的竞争环境也瞬息万变。尽管腾讯目前是中国最大的互联网公司之一,但随着业务模式的日趋成熟,其营利能力增速也会不断放缓,用户规模在突破8亿后也进入了增长放缓的阶段。因此,仅仅依靠腾讯内部自我增长和自我积累的发展模式必然不现实,转向以投资驱动的发展模式对腾讯有诸多好处。通过投资有实力或是有潜力的公司,既可以确保腾讯对这些公司的业务影响,从而更好地发挥腾讯的用户优势,又能够通过利润分享最大限度地缩小合并初期对自身业务的冲击,从而建立开放、合作、共赢和新兴战略定位。

PayPal：全球网上支付霸主

随着金融业的蓬勃发展，传统的支付手段虽然能满足对资金安全的需求，但对支付效率的提升并不明显，因此由第三方平台作为中介协助收款人和付款人完成支付，解决市场资金的价值转移安全与效率成为一种新的选择。经历过十几年的发展，第三方支付俨然成为金融支付体系中的重要组成部分，同时随着互联网经济高速发展，具备"支付账户和场景"并通过互联网实现资金转移的第三方支付公司成为线上支付的主力军，成为互联网金融发展的基石。

互联网支付是建立独立于银行账户之外的虚拟账户体系，主要依托其线上交易的场景，向商家和消费者收取支付交易费用获得收入，典型代表有国内的支付宝和微信支付、国外的 PayPal。在线上的交易中，买卖双方通过第三方支付平台进行资金的价值转移，基于中心化的平台信任，完成异步交易行为的达成，而第三方支付平台则通过资金的沉淀、出入手续费等获利，同时积累交易数据以达成其增值服务。

PayPal 成立于 1998 年 12 月，由 Peter Thiel 和 Max Levchin 共同创立，是全球使用最广泛的在线支付服务商，总部位于美国加州，员工总数 18700 人。2002 年，PayPal 首次在纳斯达克上市，随后被电子商务平台 eBay 收购。2015 年，PayPal 从 eBay 中分拆，再次在纳斯达克市场上市，股票代码 PYPL。PayPal 以提供便捷、安全的支付服务为基础，通过产品创新、并购、收购以及合作等手段奠定其在支付领域的领导地位，并不断向商户服务以及金融服务领域渗透，全面覆盖 C/B 端客户，eBay 体系内外服务和全球支付、电商、金融市场。2017 年，PayPal 总支付规模达 4510 亿美元，较 2016 年同比增长 27.4%，营业收入 130.9 亿美元，较 2016 年的 108.4 亿美元同比提升 20.76%。数据显示，截至 2018 年末 PayPal 拥有 2.27 亿全球用户，覆盖 200 多个国家和地区，已实现在 25 种外币间进行交易。PayPal 把支付服务作为其业务活动的基础和核心，支持互联网支付、移动支付、信用支付和线下支付，同时把商业服务和数据服务作为它业务的延伸，通过对平台积累的大量用户、客户业务交易信息进行数据的挖掘和分析，来为客户提供营销和供应链的增值服务。

1　PayPal 的发展史及并购史

1.1　PayPal 的发展三阶段

1.1.1　阶段一：初期规模——"病毒式"扩张

"病毒式"扩张，形成初期规模。业务发展初期，PayPal 由于敏锐地发觉网络用户支付的需求，填补了这块市场空白，迅速吸引了用户入驻。同时，其使用激进的财务奖励计划即 10 美元的新用户奖励和介绍费用，迅速实现了客户数量的增长，以及使用"病毒式"的绑定措施，PayPal 的转账只能在付款方和收款方都拥有 PayPal 账户的前提下才能进行，因此收款者为了收到款项必须注册成为会员，这使得使用 PayPal 的会员以其为中心向外广播 PayPal 的转账功能。通过花费超过 1 亿美元资金的客户奖励计划，PayPal 迅速积累了大量客户。

1.1.2　阶段二：一枝独秀——依托 eBay 电商平台

PayPal 初期创立的理念是基于个人会员之间的网上转账服务，以客户群体的扩大达到其支付生态圈的扩大，但这个新兴行业所具备的前景吸引了包括 X.com、Billpoint 等支付公司的竞争，经营环境并不理想，于是 PayPal 开始寻求战略转型。2002 年，PayPal 被 eBay 以 15 亿美元收购，从此 PayPal 依托 eBay 电商平台服务于其线上交易业务，依托 eBay 庞大的交易量，在 2003 年 PayPal 年收入就暴增 359%，达到 4.4 亿美元，同时用户数量也迎来了爆炸式的增长。这个战略转型成为 PayPal 成功的一个关键举措，PayPal 从 eBay 平台获取大量电商流量，从而使得活跃用户迅速攀升，在第三方支付市场奠定了其龙头的地位。

1.1.3　阶段三：巨头的野心——专注于第三方支付

随着全球电商行业竞争的不断加剧，eBay 平台的市场份额不断缩水制约了 PayPal 的继续扩张。自 2006 年开始，eBay 的交易额增速开始显著下滑，在 2009 年甚至出现了负增长，此后业务增量也令人担忧，远不及电商巨头亚马逊，这使 PayPal 看到过分依赖 eBay 容易导致企业未来增长的不确定性，同时也将目光转向了打造专业的第三方支付平台，从 eBay 公司脱离出来之后，PayPal 于 2015 年 7 月再次上市，该次脱离让 PayPal 得以专注于数字支付，把定位设立为消费者、商家全方位支付伙伴。

1.2 PayPal 的并购及业务拓展

在依托 eBay 平台高速发展了数年，完成了用户和业务量爆炸式的增长之后，PayPal 开始寻求新的业务增长点，开始战略性地把服务扩展到新的目标市场。

1.2.1 收购 VeriSign——开拓中小企业市场

2005 年，PayPal 以 3.7 亿美元收购 VeriSign 的支付网关业务，在电子商务的支付服务和安全措施领域取得了显著的进展。在支付服务方面，VeriSign 的支付网关业务为 PayPal 提供了 10 万家已有的中小企业商户以及高达 400 亿美元的交易金额，加快了 PayPal 的商户服务业务的发展步伐。在安全措施方面，PayPal 采用了 VeriSign 的安全技术及配套的多达一百万的双重安全认证标记，成为最先为用户提供双重认证系统的电子商务企业之一，在在线交易安全上成为行业的领军者。这一并购对 PayPal 的业务影响深远，不仅帮助 PayPal 获得 VeriSign 既有的 400 亿美元交易业务量，打开了进入中小企业客户的渠道，同时在支付业务的核心竞争力安全方面取得了长足的优势。

1.2.2 收购 Bill Me Later——提供消费信贷服务

2008 年，PayPal 以 9.45 亿美元收购了延期支付公司 Bill Me Later，eBay 收购了 Bill Me Later 的全部流通股，同时承诺购买其私有股本，共计约 8.2 亿美元，还将承担 Bill Me Later 的员工期权的行权工作，金额总计约 1.25 亿美元。Bill Me Later 的业务模式是为消费者提供信贷服务以获取贷款利息，其采用复杂的承保技术保证消费贷款的安全。PayPal 原有的支付业务与 Bill Me Later 提供的消费信贷业务形成互补，丰富了 PayPal 的支付模式，通过信贷促进消费来增加平台的业务流量，形成了第三方信用消费的场景。

1.2.3 收购电子商务外包服务企业 GSI——为成熟企业提供电子商务解决方案

2011 年，eBay 以 24 亿美元收购电子商务外包服务企业 GSI。GSI Commerce

是美国知名的电子商务解决方案及服务公司，与大量零售商和品牌厂商拥有长期商业服务关系。此时 PayPal 在 eBay 平台的渗透率已经十分充分了，急需新的增长点，而为了开拓新的业务模式，PayPal 将目标锁定在了多平台支付服务和与大商户建立长期合作，eBay 对 GSI 的收购使 PayPal 有机会切入大企业市场，拓展自身服务边界。

1.2.4 收购移动支付公司 Zong——移动支付应用 PayPal Here

2011 年，PayPal 以 2.4 亿美元完成了对移动支付公司 Zong 的收购，并于 2012 年推出了移动支付应用 PayPal Here。境外在线支付由于传统信用卡的消费模式地位稳固发展较慢，而随着智能手机和移动互联网的普及，未来移动支付将成为线下支付更加便捷的方式，将原有的线上支付技术普及推广到线下交易场景，将是一个更加广阔的市场。

除了上述几次重大的并购之外，PayPal 自成立以来持续通过并购拓展其支付帝国的版图。正是由于 PayPal 的企业包容性为其并购提供了可能，同时也拓展了业务规模、客户群体、核心的技术实力，与原有业务形成互补，逐步打造其第三方支付的生态体系，提高了核心竞争力。

2 PayPal 专注于第三方支付的核心竞争力及支付模式

2.1 PayPal 的收入模式分析

PayPal 旗下产品主要包括支付产品、信用产品、全球汇款等，支付产品包括线上支付和移动支付，即 PayPal、Braintree、Venmo、Paydiant 和 TIO；信用产品则包括 PayPal Credit、PayPal Working Capital，Swift Financial；国际汇款产品为 Xoom。基于上述各类产品，PayPal 的产品线相对完善且为 PayPal 带来了直观的收益。PayPal 收入主要分为交易收入和其他增值服务收入两大类，以交易收入为主，占比约 88%。其中，交易收入是基于交易额（TPV，Total Payment Volume）收取的交易费，增值服务收入则包括信贷产品的利息费和服务费等。

2.1.1 PayPal 交易收入

这部分基于交易额收取交易费，商户或用户收款时会产生交易费，费率约

3%左右,因此总支付量越高,相关收入越高。

2017年,PayPal总交易额为4510亿美元,同比增长27.4%。该指标主要受到活跃用户数、商户接受度、消费趋势等影响。PayPal, PayPal Credit, Braintree, Venmo, Xoom这几个产品的交易额都会产生交易费,图1是PayPal交易收入的产品线介绍,其中PayPal、Braintree、Venmo的支付交易直接产生交易费用;PayPal Credit则通过为消费者提供消费信用发生交易额;Xoom则主要是收取跨国转账交易的费用。

图1　PayPal交易收入的产品线介绍①

PayPal对商户收取的交易费比例在不同地区有差异,商户可以按增值服务package来协议不同的费率,总体来看,平均交易费率约为3%左右。此外,PayPal对用户的付款行为不收取费用,除非涉及外汇兑换;也不向商户收取账户注册费或年费。PayPal旗下其他支付产品的交易费率也大致在3%左右:社交转账移动应用Venmo对用户收款免费,通过银行账户、借记卡或账户余额付款也免费,但用户使用信用卡支付需要交纳3%的交易费;Braintree向使用其支付系统的商户收取的佣金率也是2.9%。表1为PayPal向商家收款手续费标准。

---

① 资料来源:PayPal公司官网。

表 1   PayPal 向商家收款手续费标准①

收款方式	分类	收费
通过网上交易	美国境内	2.9% + 0.3 美元
	美国境外	4.4% + 固定费用
通过门店交易	美国境内	2.7%
	美国境外	4.2%
通过虚拟终端	美国境内	3.1% + 0.3 美元
	美国境外	4.6% + 固定费用
通过 PayPal Here 读卡器	刷卡	2.7%
	手动输入卡	3.5% + 0.15 美元

注：固定费用按收款币种收取。

PayPal 的直接支付模式是"电子邮件"模式，资金的流动方式是"付款人的银行账户→PayPal 付款人账户→PayPal 收款人账户→收款人的银行账户"模式，资金的转移是在 PayPal 系统内部进行的，通过 PayPal 平台完成交易事项，保证了商家能够安全地、简单地从他们的客户那里收到付款，同时允许我们的消费者在不同的市场和网络上进行无缝的交易。

PayPal 直接支付的优势明显。首先，PayPal 平台起到了支付中介的作用，承担交易资金托管和交易监督的责任，保证整个交易过程的真实安全，防止欺诈行为。其次，提供交易效率和便利性，由于 PayPal 的定位在于小额高频交易，在风险可控的前提下可适当降低支付操作的复杂性。再次，降低支付结算的成本。对于商户来说，如果不应用 PayPal 等互联网第三方支付平台，那有多少家银行，就要接入多少个银行网关，对于银行亦是如此，双方都要承担巨大的建设和维护成本。最后，PayPal 的灵活性。PayPal 可根据客户的要求提供个性化的支付结算服务。

2017 年，直接支付模式的净收入为 114.02 亿美元，占公司净收入总额的 87.89%。图 2 描述的是资金在 PayPal 系统内账户的流动情况，直接支付模式作为 PayPal 的主要业务模式，其收入来源来自资金接收者的收入即对收款的商家等收取手续费用，而沉淀在平台的利息收入相对较少。成本则主要是信用卡使用所要付出的交易费用及平台的运营成本。

---

① 根据 PayPal 公司官网整理。

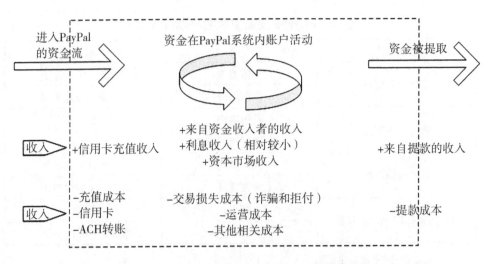

图2 资金在PayPal系统内账户的流动①

2.1.2 PayPal增值服务收入

PayPal的增值服务收入包括PayPal Credit产品收入（包括利息收入、余额打包出售收入、合作商户的利息分成、订阅费、网关费）、Paydiant产品收入，以及用户在PayPal账户的余额利息等。近三年，增值服务收入占比呈现略微增长的趋势。2017年，增值服务收入的增长主要来自PayPal Credit。

PayPal Credit，其前身为Bill Me Later，主要向消费者提供延期付款等服务。由于Bill Me Later原有业务已经积累了足够完善的信用保证机制，在被收购后能为PayPal提供直接的消费信贷业务。

PayPal Credit产品面向B端和C端。其中，消费信贷的资金来源是独家合作银行Comenity Capital Bank，每个用户申请PayPal Credit账户成功后，自动拥有来自Comenity银行不低于250美元的授信。此外，PayPal还会将特定消费信贷产品的余额打包出售给金融服务公司，如Synchrony Financial（前身是通用电气资本零售银行）。

（1）C端：用户可通过PayPal账户申请贷款，或是直接通过合作商家申请消费贷款，从线上延伸到了线下。信贷政策灵活，合作商家可以自行设置用户还款时间和利率；另外，还有网络购物无息贷款方式，也就是类白条服务。只要开通PayPal信贷账号的用户都可以在电商购物时向PayPal申请消费信贷，

---

① 艾瑞咨询：《2013年海外第三方支付企业研究报告——PayPal》。

PayPal 的盈利模式是参与和商家、银行的利息分成。

1）信贷服务。例如，2017 年在美国市场，购物金额超过 250 美元的购物者可以按照 12.99% 的固定利率，选择 6 个月、12 个月、18 个月或 24 个月分期还款。

2）白条服务。该服务于 2015 年推出。在美国市场，用户购物满 99 美元即可使用 PayPal Credit 支付，6 个月内免息全额还款，超出 6 个月支付期限则按 19.99% 年化利率收取利息。

3）转账服务。PayPal Credit 可以直接充当现金，转账给其他用户，并可以按分期进行偿还，仅收取 2.9% 利息 + 0.3 美元手续费，和用户通过借记卡/信用卡向他人 PayPal 账户转账的收费一样。

消费者线上申请 PayPal Credit 支付时，首次过程大约需要 10 分钟，PayPal 主要通过 FICO 评分进行信用审查，审核通过后就能使用。PayPal Credit 采用 FICO 评分体系评估个人用户的信用风险，大于 760 分表明信用风险较小，小于 600 分表明信用风险较高。2017 年，消费信贷余额为 64.01 亿美元，其中大于 760 分的信贷占比 13%，低于 600 分的信贷占比 11.75%，逾期 3 个月以上的贷款比例为 4%。

（2）B 端：美国、英国、澳大利亚的中小微商户可以通过 PPWC（PayPal Working Capital）项目向 PayPal 申请贷款。

1）PayPal 多次上调最高贷款额。根据官网介绍，目前商户一次最高可贷其 PayPal 账户年交易额的 18%，每笔贷款额上线是 9.7 万美元，当天就能发放贷款；要求是 PayPal 账户开通时间超过 3 个月，通过 PayPal 账户的年销售额超过 1.5 万美元（企业账户）或 2 万美元（企业主个人账户）都可申请。另外，公开资料显示，PayPal 小微信贷的年化利率一般为 15%～30%，通常 9～12 个月的还款账期。

2）PayPal 内部开发了风控模型 PRM，采用的征信指标包括商户的年交易量、PayPal 账户的交易历史、此前 PPWC 信贷的还款历史等因素。PRM 给商户的打分在 350～750 区间，商户评分是浮动变化的，一般只给评分 525 以上的商户放款，610 分以上则是信用很好、风险非常低的商户。

PayPal 的消费信贷模式和直接支付模式形成互补，丰富了 PayPal 的支付模式，通过信贷促进消费来增加平台的业务流量，形成了第三方信用消费的场景。PayPal Credit 基于 PayPal 原有的支付渠道嵌入消费者支付场景，不仅保证了客户群体的质量和接受程度，同时也为其消费信贷规模的扩张提供了增长动力。

2017 年，PayPal Credit 子公司净收入为 16.9 亿美元，占公司净收入总额的

12.11%，对比 2015 年、2016 年的净收入 11.2 亿美元、13.52 亿美元不难发现，PayPal Credit 的净收入对公司整体净收入的贡献度呈现逐年上升的趋势。而 PayPal Credit 的净收入持续增长正是源于使用 PayPal 信贷产品的消费者与卖家数量的提升。图 3 是 PayPal Credit 营业收入的直观图，其中交易收入主要来源于直接支付模式的净收入，而增值服务的主要部分则是消费信贷所获得的利息收入。

图 3　PayPal Credit 营业收入直观图①

2.2　PayPal 的营利模式演变及背后的逻辑

2.2.1　PayPal 营利模式的演变

PayPal 的营利模式演变主要经历了三个阶段。

第一阶段，PayPal 成立之初预想的营利模式是将用户的账户资金余额存入银行获得利息，以此作为平台的主要收益。但实际情况是用户并不会在平台预留资金，同时，获得收入时也会立即转出到银行账户，使得沉淀在平台的资金基数很小，尽管用户的规模在逐年增加，但此种营利模式的营利能力有限。此外，由于大部分用户选择用 PayPal 绑定其信用卡来付费，使得 PayPal 在进行转账业务时应向信用卡公司付出每笔 2% 的费用，其经营业务的成本过高。PayPal 成立之初的营利模式是不可取的，从 1998 年成立到 2000 年下半年这段时间，PayPal 每月的经营规模及经营成本都迅速增长，但是由于其弥补了传统支付业务的支付模式和低廉的转账成本，PayPal 的用户网络规模迅速扩大，PayPal 抢

---

① 资料来源：2017 年 PayPal 年度报表。

先在这个新兴的行业建立了其领导地位。在第一阶段的用户规模达到预期后，PayPal 便开始转变其业务营利模式。

第二阶段，PayPal 的营利模式是提供付费的增值服务。PayPal 设立了个人和商家两种账户，个人账户仍旧保持免费的业务服务，但商家账户则通过收费提供增值服务，如 24 小时用户支持、单一点击付款服务（one‐click checkout）和验证服务（verified customers）等，增强了高级账户的便利性和安全性，吸引了大量 PayPal 的用户自愿升级其账户。表 2 是个人账户和商家账户的收费情况。

表 2 个人账户和商家账户收费情况①

	个人账户	商家账户
适用群体	适合以网购为主的个人使用	适合以收款为主的个人商户或企业
开户	免费	免费
付款	免费	免费
收款	免费	收费
从 PayPal 账户转至关联的银行账户	免费 即时到账额外支付每笔 0.25 美元	免费 即时到账额外支付 1%
转账	收费，2.9% + 固定费用	
取现	收费	
兑换	收费，基于批发汇率加价 2.5%	

此外，PayPal 也在成本上进行转变，在第一阶段时，其主要的费用就是信用卡交易的费用，因此 PayPal 积极宣传用户使用银行账户直接付费，同时对信用卡消费设立限制，如推出信用卡付费上限，达到上限的账户必须升级为商业账户才能享受继续的服务等。PayPal 将自身从一个免费的应用转变为提供付费服务的商业应用这项举措无疑是成功的，经过几年的发展，PayPal 实现了自身的营利及增长。

第三阶段，PayPal 形成了自身以支付业务为核心的营利模式之后，开始积极寻求业务模式的扩张，经过近 20 年的发展，PayPal 建立起了以支付业务为核心的支付生态体系，依托其庞大的用户基数延伸其业务范围，详见表 3。

---

① 资料来源：PayPal 公司官网。

表3　PayPal以支付业务为核心的业务拓展

业务	业务内容	运行基础
核心：支付业务	互联网支付、移动支付、信用支付、线下支付	为消费者提供便捷、安全的支付选择
延伸：商业服务	代收代付、跨境电商、资金归集、咨询服务、O2O服务等	为电子商务行业及传统行业电商化提供综合解决方案
趋势：数据服务	营销服务、信贷金融服务等	为商务提供营销及供应链金融等增值服务

2.2.2　PayPal营利模式背后的逻辑

PayPal作为第三方支付机构，受法律监管无法经营存款业务，因此不能进行存款的吸收，公司的自有资金和客户的账户余额资金必须严格区分，客户在PayPal账户余额的资金将会采取以下两类操作：其一，在客户同意的原则上，将客户的资金用于投入PayPal开设的货币市场基金（PayPal Money Market Reserve Fund），通过PayPal的专业人员进行投资获取收益。其二，客户资金将存入联邦存款保险公司（FDIC，Federal Deposit Insurance Corporation）里开设的无息账户中。然而，PayPal在2011年关闭了PayPal Money Market Reserve Fund，因为其年化收益率为0.04%，对客户已无任何吸引力。基于上述分析，可以得出在监管下PayPal无法利用客户的账户资金余额进行营利。

PayPal作为用户的代理人和资金的管理者，在无法从PayPal用户的账户余额获取利息收益的情况下，其盈利模式则主要体现在提供服务的中介费用上，当前已有的成熟的营利渠道主要是在以下三点。

（1）PayPal对收款的商家收取手续费。PayPal作为消费者和商家的支付中介，对每笔成交的业务进行手续费的收取，但不收取开户费和年费。基于对商家的手续费收取，同时也提供给商家资金上的高效清算和安全保障。

（2）PayPal对使用消费信贷的消费者收取利息。消费者购物额超过99美元即可选择使用PayPal Credit进行付款，获得6个月内免息全额付款，超出6个月支付期限，则收取19.99%年化利率。

（3）PayPal对货币的兑换收取手续费。PayPal的用户分布在全球各地，具有相当大的全球跨境交易业务，支持超过100种货币购买商品，并支持25种货币的兑换，PayPal对跨境交易的商品购买提供货币兑换的同时收取一定的手续费用。

2.3 境内外互联网第三方支付行业对比

这个部分主要是从境内外互联网第三方支付行业的行业格局、盈利模式和支付体系三方面探讨国内外存在的差异以对 PayPal 的运营有一个更为明晰的认识。

2.3.1 境内外互联网支付行业格局不同

国内的互联网第三方支付市场主要是被支付宝和微信支付占据，两者共同占据了境内互联网支付的 90% 以上且各占半壁江山，支付宝依托电商平台，而微信支付依托社交 App。而境外互联网第三方支付市场占有率和集中度较低，移动支付的推进速度远不及中国，其原因在于欧美国家的银行卡体系更为发达，尤其是信用卡在国外的渗透率更高，其消费支付的惯性导致了境外的互联网第三方支付的业务拓展有一定的阻力。

2.3.2 境内外互联网支付行业营利模式不同

境内外互联网支付公司的营利模式存在极大差异。根据前文所述，PayPal 的营利模式主要基于提供支付服务所获得的手续费用，且 PayPal 通过账户的会员分级达到其实现付费应用的目的，其原因在于 PayPal 无法通过平台的沉淀资金获得利息收入。而国内支付宝用户购买商品时从付款到确认收货期间资金是留在平台的，根据国内对第三方支付机构的法律规定，这部分沉淀资金所获得的收益归平台所有，因此能通过网上交易中的沉淀资金获得大量的利息收入。国内外法律监管的差异导致了二者盈利模式的区别：PayPal 主要收入来源于收取昂贵的手续费，支付宝的主要收入来自沉淀资金的投资收益。

2.3.3 境内外互联网支付体系的生态不同

境内外互联网支付行业的支付场景存在较大差异，国内互联网支付发展程度远超国外。在支付场景上，PayPal 主要还是线上交易；支付宝和微信则已经从线上交易发展到线下的高频小额支付。在用户规模上，2017 年 PayPal 活跃账户数为 2.27 亿；支付宝和微信支付分别为 8.7 亿左右和超过 10 亿。在交易规模上，PayPal 在 2017 年的支付规模仅 4513 亿美元；而支付宝、微信支付 2017 年移动支付的交易规模分别为 59 万亿和 42 万亿人民币，其中包括个人对个人的转账等业务并不收取手续费。

PayPal 和支付宝的定位不同，PayPal 定位偏向于"移动的信用卡"，基于欧美国家已经成熟的信用卡体系，PayPal 与 Visa、MasterCard 这些传统信用卡公司合作，让用户可以通过 PayPal 使用这些信用卡支付，以此获得交易的手续费。而支付宝定位偏向于"移动的现金"，从线上支付横跨到线下交易，支付宝成为去纸币化的一种数字货币的表现形式，通过打造完整的商业生态来获利。

所以，这两种定位的不同造成了 PayPal 和支付宝营利模式的不同。PayPal 的主要收入来源于商家收款的手续费，而支付宝的主要收入来自大量资金沉淀所带来的投资收益以及大量消费习惯数据所形成的大数据价值。

总结来说，正是欧美同中国经济和文化的差异导致了以 PayPal 和支付宝为代表的网络第三方支付的差异。

3 PayPal 的业务挑战及未来展望

支付结算是社会经济活动的基础事务，传统支付结算主要由银行承担，而随着信息技术的不断更新，支付结算的场景越来越丰富，单靠银行已无法满足日益增长的支付需求。互联网第三方支付的诞生就是承担大量的小额、高频交易的支付结算，与银行的传统结算业务形成互补，为客户提供便捷、个性化的支付服务。

作为全球范围内最大的在线支付平台，PayPal 无疑是一个成功的互联网第三方支付机构。但当前由于支付渠道的多元化，PayPal 的国际化扩张面临的压力巨大。PayPal 从 PC 端网页支付起家，网页支付是 PayPal 市场占有率最高的领域，然而随着多元化支付渠道的快速发展，PayPal 的核心业务不断受到挑战。虽然近几年 PayPal 也在陆续收购以布局移动支付，但仍然面临激烈的竞争。在北美市场，拥有操作系统优势的 ApplePay、GooglePay 在移动支付领域发展迅猛，国际卡机构分别推出各自的电子钱包 Visa Checkout 和 Masterpass；在欧洲市场，Square 和 PayPal 形成对立；在中国市场，支付宝和微信支付已形成垄断之势。在此背景下，继续开拓海外市场、布局移动支付，以及推进增值服务，是当前 PayPal 的战略要点。

开拓海外市场。全球跨境电商贸易在整个跨境零售业的比重越来越大，而 PayPal 作为全球领先的开放性支付平台，拥有深厚的市场积淀，以此为基础大力开拓海外市场，争取营业准入资格，提高产品渗透率，将为 PayPal 营业增长提供持久的驱动力。

布局移动支付。移动端具有极高的便捷性，由于智能手机等移动终端的使用率提高，未来移动端使用率将会超过 PC 端。移动支付前景广阔，PayPal 应当加大线上线下场景布局、争抢消费场景入口。

推进增值服务。PayPal 以支付业务为核心与基础，以交易手续费的收取作为盈利的主要方式。但根据国内外发展的情况来看，支付业务应当只是联网第三方支付机构盈利来源的起点，基于用户和交易规模，PayPal 的盈利方式应当更重视流量入口到存量资源的增值服务。PayPal 可以应用累积大量与实际消费挂钩的交易明细，通过对这些数据的分析和挖掘，掌握客户的消费能力、消费习惯等信息，并将其用于精准营销、客户管理等领域，可以为消费者和企业提供增值服务。其前景相当广泛，可以覆盖企业精准营销、企业账户托管、企业评级、企业和个人征信、小微企业和个人授信、财富管理各个金融领域，PayPal 将从资金渠道的中介商转变为综合金融服务提供商。

PPmoney 网贷：打造华南地区 P2P[①] 互联网金融之王

2007 年，P2P 进入中国，如今中国的 P2P 行业已发展十余年。在 P2P 这条赛道上，部分企业已被迫退出，也不乏有的企业成为赛场上的佼佼者。根据网贷之家最新发布的《P2P 网贷行业 2018 年 7 月月报》显示，截至 2018 年 7 月底，P2P 网贷行业正常运营平台数量有 1645 家，历史累计成交量达到了 74789.41 亿元。P2P 模式是互联网时代背景下产生的新型金融业务模式，P2P 互联网借贷的出现既满足了民间借贷的需求，丰富了投资者的投资渠道，同时也在一定程度上缓解了长期困扰我国中小型企业的资金融通问题。

P2P 网贷在发展多年之后，呈现出繁荣的发展态势，然而也难免存在不足。大量 P2P 平台的关闭与跑路，损害了广大投资者的利益，暴露出整个行业平台各方面的问题。许多平台本身并不具备完整的征信体系，加上合规化建设意识缺乏、风险分析技术工具落后，导致风险控制能力差，当下，我国金融监管部门对 P2P 产业的监管态度又逐渐趋于严厉，在这种大的政策背景下，各个平台面临巨大的政策风险。同时，P2P 行业内部金融产品同质化严重，互联网金融产品创新能力不足，平台盈利困难。在这种"内忧外患"的情形之下，P2P 产业发展遇到前所未有的困难，因此，引导 P2P 行业健康合规发展，以及行业内部平台自身，在科技、风控、产品等多个方面进行变革愈发刻不容缓。

诞生于 P2P 盛世的新生儿——PPmoney，秉承"人民财富惠人民"的理念，成立于 2012 年，在成立后短短的一年间，便实现平台总成交额突破 10 亿元。2013—2014 年，P2P 行业百花怒放，行业迎来爆发期，这对于 PPmoney 来说，充满了机会与挑战。PPmoney 瞄准消费金融市场，以普惠金融为主导，开发稳健的互联网金融产品，同时重视合规与风控意识的建设。对于 PPmoney 来说，

[①] P2P（peer to peer lending）是一种将小额资金聚集起来借贷给有资金需求人群的一种民间小额借贷模式。

2015年是其蜕变之年,其累计总成交额突破100亿元,并且PPmoney在平台业务拓展、资本市场融资等多个方面也取得了丰富的成就。经历了爆发期的P2P行业,前期的非理性发展使得行业内各种问题开始显现,政府对于网贷行业的严厉监管时代始于2016年。事实向我们证明,PPmoney在合规建设、风险控制、科技投入等方面的稳健思路是正确的选择,正是得益于其在这些方面所做的努力,PPmoney在2016年监管政策落地以来,仍能保持稳定的营业收入,并且在国内国际上的风控、科技等方面屡获奖项,成为华南地区当之无愧的互联网金融之王。

1　PPmoney快速成长之路:从创立到行业的领军者

2012年,秉承"人民财富惠人民"理念,PPmoney正式上线。PPmoney是专注于消费金融的网络借贷信息中介,采取传统的O2O运营模式,在线上寻找投资人,线下对接项目,通过金融科技手段,实现投资者和资金需求者之间的对接,满足双方的投融资需求,最终实现双方共赢。2013年,P2P网贷行业迎来了爆发式的增长;同年12月,PPmoney在仅仅创立一年的时间后,平台的总成交额就高达10亿元,创造了P2P行业神话。

1.1　盛世新生,PPmoney成风口金猴

2014年,P2P网贷行业的热度并未消散,据网贷之家统计,截至2014年11月,全国运营的P2P网贷平台达1540家,在整个市场上,充斥着各种关于某某P2P平台获各路投资资本青睐的报道,足见行业的热度之烈。就在这样百花怒放的一年,各平台都处于兴奋的状态,难免有些平台迷失理性的方向,只是想通过短时期的变态式扩张以"大捞一笔"。行业的火爆给予了机会,同时也会带来挑战,前期的疯狂必然会在后期付出代价;因此,PPmoney并没有盲目地进行扩张,而是瞄准蓝领的巨大市场,摸索出了以小额资产模式为主的战略,开发并上线多款满足市场需求(如直投宝、安稳赢等)的互联网金融产品,通过合作商户将产品在全国铺开,为蓝领人群提供小额的贷款服务。同时,PPmoney的"线上+线下"双保险模式彰显了其并没有因为行业的火爆而失去对风控层面应有的重视,这样一系列能够既满足需求又重视风险控制的产品,很好地印证了PPmoney董事长陈宝国在接受《中国经济信息》记者采访时所说的一句话:"在这样火热的行情下,PPmoney更将致力于打造出交易所平台金融

的着眼于长远发展的健康生态圈,并在未来逐步加大平台型产品的比例。"

在前期稳健发展步伐的助力下,PPmoney 逐渐收获丰富的果实,成为风口上的金猴。2015 年年初,PPmoney 网贷的平台累计总成交额突破 100 亿元,并获得国际认证机构德国莱恩 TOV 集团 A+信用评级,意味着 PPmoney 达到相当高的企业信用程度,同时这也是对 PPmoney 风控水平、资金实力的认可。同年年底,在业务产品板块,PPmoney 推出万惠车服,进军汽车金融市场,旨在为有资金需求的车主提供高效便捷的推荐融资服务,目前,万惠车服的服务网络已基本覆盖全国的一二线城市,成为全国性的车贷平台。同时期,PPmoney 接连获得信息系统安全保护三级备案证明、互联网信息服务业务的经营许可证(ICP 许可证)、在线处理与交易处理业务的增值电信业务经营许可证(EDI 许可证),成为广东首家、全国极少数同时获取双证的互联网金融平台,PPmoney 平台在信息安全、合规运营等方面取得了巨大的成就。接着,12 月 12 日,PPmoney 网贷又正式宣布,挂牌新三板市场,并获得 2 亿元的 A 轮融资。从 2012 年创立到 2015 年,在短暂的 3 年时间里,PPmoney 在业务、信用认证、网络安全、资本市场融资等多方面取得了突破。

1.2 主攻蓝领,布局消费金融

PPmoney 于 2015 年开始布局消费金融领域,主攻蓝领,依托金融科技,力争在互联网消费金融领域赶上行业发展的快车。PPmoney 借助大数据和征信技术业形成三种运营模式:靠流量取胜的电商模式、第三方信贷服务模式以及垂直细分领域的资产端模式。这三种模式各有所长,均能在消费升级、释放增长动能方面起到一定作用。2016 年上半年,政策暖风助推消费升级,同时资本加速涌入布局消费金融,A 股市场涉足消费金融细分领域的上市公司一时呈井喷之势。互联网消费金融被细分为银行系、电商系、垂直购物分期系以及互联网消费金融系四个派系。不同于银行等传统金融平台选择白领作为主要客户群体,PPmoney 专注于蓝领人群。PPmoney 主要为蓝领工人提供 3C 产品、消费产品分期服务和信贷服务。PPmoney 董事长陈宝国在 2016 年 7 月底接受媒体采访时介绍了 PPmoney 的消费金融业务,该业务大致分为三部分:消费贷款、现金贷款和小额贷款。消费贷款用于实际消费情景和消费行为提供的信贷服务;现金贷款是针对优质客户的现金贷款服务;小额信贷是为个人客户提供数千元左右的小额现金贷款。

1.3 触网三农市场,依托"互联网+信用三农"新模式

2016 年 8 月,PPmoney 成立了"万惠三农",标志着 PPmoney 正式进入三

农市场。为了扩大PPmoney的业务发展模式,充分发挥"互联网"在促进农业发展中的作用,PPmoney积极开展农村调研,推出"互联网+信用三农"新模式,探索出了破解"三农"问题的新思路——"实物+收益"模式。该模式为信贷良好、资金需求紧迫、前景良好的农民注入资金,农产品项目在PPmoney平台上展示,可以实现产品推广效果,为农业企业和农民的良性健康发展提供了新的动力。

借助"互联网+"探索三农问题面临的痛点,寻找新的解决路径,保障农村地区弱势群体基本的金融需求,尝试用包括农产品众筹在内的多种方式打通农村金融服务的"最后一公里"。PPmoney在三农市场业务的拓展完全符合政府对于"三农"问题的解决思路,也正是PPmoney的这种良性发展的思路,为其后期的发展打下了坚实的基础。

1.4 监管元年,角逐场上笑傲群雄

2016年是P2P的监管元年。监管政策的落地导致网贷市场一度风声鹤唳,这也标志着P2P网贷行业的前期野蛮式增长时代的结束,预示着行业洗牌的到来。要促进行业内部的整合,在这个过程中势必伴随着阵痛,大多数平台必须按照要求重新梳理业务,查漏补缺,实现合规发展。部分平台目前已经开始选择良性退出,但对绝大多数平台来讲,需要给自身重新找准定位。在剧烈的监管风暴来临之时,谁将在角逐场上笑傲群雄?

近年来,PPmoney在合规建设、业务升级等多方面进行了整顿。PPmoney一直十分重视合规发展,在网络安全、投资者权益保护、风险控制等多方面提高规范运营水平,并成为行业合规发展的标杆平台。早在2014年,PPmoney网贷平台就当选了广东互联网金融协会的会长单位,带领广东互金行业净化瘴气,合规发展,PPmoney平台在信息安全、合规运营等方面做出了巨大努力。

PPmoney凭借其在合规建设方面所做的努力和取得的成就,在面临监管浪潮时,不仅没有乱了阵脚,反而能够"冷静"地面对,从中预测到行业洗牌期的来临,抓住机遇抢占市场。PPmoney网贷在监管落地之后能够保持稳健的发展态势,取得较为理想的经营业绩,与六年来坚持走合规稳健发展道路密不可分。

2　PPmoney 的业务布局与营利版图

2.1　PPmoney 的业务板块

2.1.1　消费金融——市场的广阔蓝海

在中国的经济增长结构越来越依赖消费和 P2P 网贷行业爆发的背景之下，PPmoney 于 2015 年初开始进军消费金融业务。如图 1 所示，在具体的业务布局中，PPmoney 打造"线下获客+线上定制服务"的模式，通过与线下合作机构全国铺开，创造场景化需求，消费者由于自身财务安排需要向特定机构或个人借款，先提前享用产品/服务，然后按月分期还本付息给资金出借人。

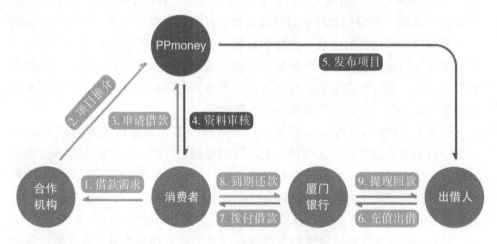

图 1　PPmoney 消费金融业务流程①

PPmoney 网贷消费金融业务的特点有以下三个。

（1）小额与分散化：人均借款金额 6100 元左右，同时借款人来自全国各地的各行各业，小额分散更具抗风险能力，通过小额分散降低违约风险。

（2）真实消费：借款人来源于真实消费场景，用途明确，还款来源可靠，

---

① 资料来源：PPmoney 官网。

违约成本高,贷后管理有据可查,方便追踪。

(3)严把风控:于内,重视科技投入,更新平台风控系统,全方位立体地进行综合控制。在申请端门槛的提高、审核端风险定价的多维度、贷后管理的科学性等方面都严格把控。于外,第三方合作机构担保垫付,尽可能降低逾期违约风险。

消费金融具有巨大的市场前景,但发展机遇与问题同时存在。整顿市场,加强风控至关重要。PPmoney基于一系列金融科技技术,自主研发了完善的风控系统,不断加强风控体系。近年来,PPmoney在消费金融业务布局上的成就也逐渐显现。2016年第二季度开始,PPmoney万惠集团子公司万惠金科持续营利。2017年上半年,万惠金科实现营业收入2.4亿元,同比增长106.9%。2018年9月下旬,PPmoney网贷平台消费金融资产余额突破100亿元,小额借贷业务在平台资产端占据主导地位。正是因为小集量的特性,一个平台要达成百亿存量的规模,无疑需要在消费金融领域长时间的精耕细作。

2.1.2 汽车金融——打造全国性车贷平台

PPmoney于2015年11月正式上线万惠车服,为有资金需求的车主提供高效便捷的融资服务。如图2所示,消费者在购买汽车时或车主由于自身财务安

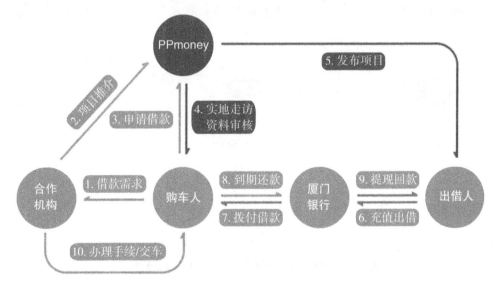

图2 PPmoney网贷汽车金融业务流程[①]

---

① 数据来源:PPmoney官网。

排需要会产生借款需求，PPmoney 则通过线下经营合作机构接受其推介的客户借款项目，消费者等于间接向特定机构或个人借款，然后按月分期或到期还本付息给资金出借人。

　　PPmoney 的汽车金融业务已基本覆盖全国的一二线城市，旨在将 PPmoney 打造成为全国性的车贷平台。PPmoney 在汽车金融业务上所采用的模式继承了消费金融业务的特点，通过线下合作机构获取客户推介，线上对接借款者与投资者。如图 3 所示，在风控层面，PPmoney 采取了严格的审批流程，包括初审、家访、复审、终审、贷后管理五个程序。客户在通过初审与家访之后，需要在复审环节办理车辆抵押和对车辆进行 GPS 定位仪安装。

图3　PPmoney 网贷汽车金融业务审批流程①

---

①　资料来源：PPmoney 官网。

2.1.3 三农金融——践行普惠金融理念

资金困难,一直是阻碍农村经济发展的绊脚石。根据《"三农"互联网金融蓝皮书》,2014 年"三农"领域的贷款投入需求约 8.45 万亿元,其中金融缺口达 3.05 万亿元,"三农"金融有效供给严重不足。2016 年 8 月,PPmoney 成立"万惠三农",标志着 PPmoney 正式进军三农市场。为深入落实国家发展农村经济的政策,PPmoney 充分借助"互联网+"实现了促进农业经济的发展,同时扩大了自身的业务范围。

与消费金融和汽车金融业务不同的是,在"三农"项目上,如图 4 所示,PPmoney 直接与当地的政府部门合作,同时深入农村实地走访,当地农户则通过 PPmoney 间接与投资人取得联系,在这一环节上,PPmoney 首创"收益+实物奖励"的创新模式,投资者可以获得 5%的年化利率收益,同时还能收获来自大山深处的绿色生态农产品。一方面,这种模式安排可以为信贷良好、资金紧缺、项目前景好的农业生产主体提供资金,使城市能够支持农村;另一方面,实物奖励模式也可以吸引用户的参与热情,将纯天然、无污染的健康产品带到城市。

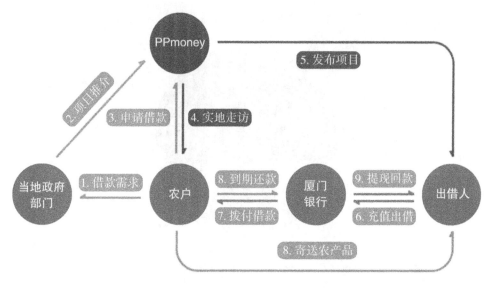

图 4　PPmoney 网贷三农金融流程①

---

① 资料来源:PPmoney 官网。

2.2 PPmoney 的营利版图

总体上来说，PPmoney 从事金融信息服务业务、计算机信息服务和软件开发服务。PPmoney 作为网贷中介平台，金融信息服务业务占据绝对主导地位，主要为融资人和投资人提供撮合交易、项目管理等服务，来自此业务的收入分为以下几项：服务费（包含咨询费、增值服务费）、保险收入、利息收益。PPmoney 力拓消费金融业务，消费金融业务体量的上升使得 PPmoney 在服务和咨询、保险、利息、增值服务等项目上收入持续增加。计算机信息服务和软件开发服务主要分为两类：软件开发和系统集成收入，以及技术服务收入。

根据 PPmoney 披露的 2016 年年度报告显示，如图 5 所示，公司实现营业收入 34178.02 万元，其中子公司万惠投资实现金融信息服务收入 32773.87 万元，占合并营业收入的 95.89%；公司从事的计算机信息服务和软件开发服务业务实现营业收入 1404.15 万元，占合并营业收入的 4.11%，其中软件开发和系统集成收入 1083.46 万元，占合并营业收入的 3.17%，技术服务收入 320.69 万元，占合并营业收入的 0.94%。报告期内营业收入同比增长 29435.48 万元，增幅为 620.67%，主要得益于金融信息服务业务的收入。

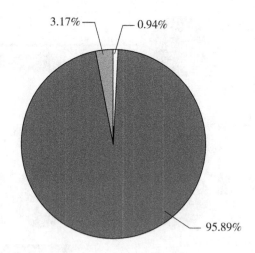

图 5　PPmoney 营利版图①

---

①　数据来源：PPmoney 官网。

2.3 PPmoney 比肩群雄

通过将美国的借贷俱乐部公司（Lending club）、国内的拍拍贷与 PPmoney 三家 P2P 公司进行比较，试图寻找三者在商业模式和风险控制上的联系与差异来说明他们在互联网金融行业得以成功发展的原因。借贷俱乐部公司是一家会员制的网络借贷公司，成立于 2007 年，并于 2014 年成功在纽交所挂牌上市交易，成为全球第一家上市交易的 P2P 平台，并一度被誉为"美国网贷行业领军者"；拍拍贷则是国内首家 P2P 网络借贷平台，于 2017 年 11 月在美国纽约证券交易所上市，在国内曾多年入选"中国互联网金融 50 强"企业名单。通过 PPmoney 与借贷俱乐部和拍拍贷的对比分析，对中国互联网金融行业的其他公司具有一定的参考意义。

2.3.1 商业模式对比

成立最初，借贷俱乐部公司就寻求与 Facebook 公司进行合作，利用 Facebook 提供的广阔社交平台对接投融两端，得益于此，公司的业务总量不断上升，其规模巅峰之时曾占据美国整个网贷行业总业务的 80%。借贷俱乐部所采用的商业模式如图 6 所示，首先，与 PPmoney 类似，借贷俱乐部不直接与借款者进行接触，而是通过第三方合作机构（在此为银行）寻找合格的融资者，融资者向银行递交借款申请，如果审核通过，银行将直接向融资人发放借款。然后，

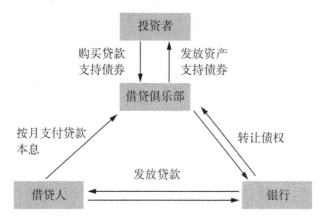

图 6　借贷俱乐部商业模式①

---

① 资料来源：借贷俱乐部官网。

第三方合作银行将把债权出售给借贷俱乐部。最后，借贷俱乐部负责连接意向投资者，将从银行手中购买的债权转让给投资者，如此流程便将投融两端对接了起来。这种模式安排赋予了融资端更大的灵活性，不受投资端的影响，也可以将各个合作机构的优势发挥出来。

拍拍贷则采用线上无担保运营模式，仅担任信息中介角色，不提供任何担保，不直接参与交易，而通过实时信息撮合借贷双方，并审查融资者信用状况。在拍拍贷平台上，投资者的操作相比PPmoney具有更大的灵活性和可选择性，投资者在衡量自身情况之后，自主决定是否投资。如图7所示，拍拍贷商业模式包括三个阶段，即审核、正式交易和贷后还款。第一，审核阶段。借款人和投资者均被要求首先在平台上注册账号并进行全面的资料信息填充，如身份认证、银行卡信息、征信报告等。然后，拍拍贷平台将对借款者和投资者所提供的信息进行真实性审核，同时对其信用进行评估划分等级。第二，正式交易阶段。经过前期审核后，拍拍贷将在平台上发布关于融资方的信用等级、融资金额等方面的信息，投资人则根据自身情况确定是否进行投资。第三，贷后还款阶段。若借款人没有在规定时间内还款，投资人可发布催收通知，由平台向借款人催收款项。若催收无果，投资者将会继续向平台发出通知，平台此时将会把借款人信息在平台曝光并将其列入黑名单，以使其信用受损并尽可能以抵押品拍卖方式偿还贷款。

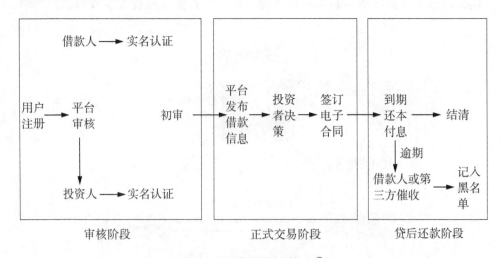

图7　拍拍贷商业模式[①]

---

① 资料来源：拍拍贷官网。

拍拍贷的商业模式，更好地反映了其信息中介的角色，能更好地避免把风险引向平台自身，但同时也会导致投资者对自身利益能否得到保障而产生怀疑，不利于平台投资端的规模扩大。

2.3.2 风控对比

根据先前关于借贷俱乐部的商业模式介绍，借款人与投资者的连接，是通过非标债权的证券化来实现的，非标债权的买卖环节相互独立，实现了风险的隔绝。借贷俱乐部公司在风险控制上对贷款发生的前、中、后三个阶段划分得相对清晰。在借贷发生前，借贷俱乐部公司对借款人在借款用途、还款能力、个人信用等方面的门槛比较高，其在评估环节上具有完善的信用评级体系和科学的风险定价机制。在贷款期间，借贷俱乐部公司将持续对借款人进行信息跟踪，以保持借款人必要方面的信息透明。在借贷关系结束之后，借贷俱乐部公司将根据借款人在借贷过程中的表现生成借款人的具体借款记录，并对其进行分析，产生信用记录并建立档案。

与拍拍贷类似，借贷俱乐部没有引入担保机构，强调买者自负。借贷俱乐部公司的线上审查资金需求者并发布债权标的的商业模式，加上其在运营和技术层面上对数据搜集、信用评级、交易撮合等方面的强大系统性，使其具备实施"无担保机构+买者自负"商业模式的基础。从这点来看，PPmoney与拍拍贷和借贷俱乐部都有区别，PPmoney在第三方合作机构的选择上，要求其对所推介的项目进行担保，这主要是由国内所面临的风险控制条件的不同，特别是征信体系还不够完善导致的。

对于拍拍贷的风险控制系统，与PPmoney一样，拍拍贷继续投资于金融技术和智能金融领域，并自主开发了风控系统——"魔镜"大数据风控系统。基于八年的大数据，"魔镜"系统构建了一个拥有超过两千个维度的数据库。当公司审核客户时，它会根据此数据库评估客户的信用。针对不同客户的风险偏好程度，拍拍贷为不同的客户进行了区分。共分为四个专区，分别是新手、合作专区、中风险和高风险专区。此外，拍拍贷还为高风险区域的客户设置了限制，向客户解释风险概况，并在他们为客户开放权限之前进行风险评估。风险分区考虑了不同投资者的风险偏好，允许客户选择不同的利益和风险组合。在违约风险控制方面，拍拍贷公司建立了完善的贷后管理制度。一方面，公司成立了自己的反欺诈团队进行反欺诈分析；另一方面，在贷后管理过程中，公司建立了自己的催收部门进行催收管理。

3 耀眼明星——模式创新与风控火眼金睛

3.1 模式创新：P2P模式业务多元化

PPmoney的业务主要采用传统的P2P平台借贷模式，主要是针对借款金额小、借款期限短的项目，如图8所示。PPmoney旗下的消费贷便是采用了这种传统的P2P模式，通常借款人在特定的消费场景下会产生借款需求。例如，在家电零售商销售家电产品时，由于消费者自身的财务安排，消费者需要申请分期消费，此时，零售商便会将客户推介给PPmoney，以满足消费者（借款者）的消费贷款需求。

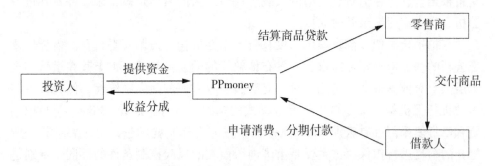

图8　PPmoney传统运营模式①

PPmoney网贷本质上是一个信息和交易的中介平台，在其许多业务的投融两端，也曾尝试与小贷公司对接。在此环节上，PPmoney对合作的小贷公司要进行严格的筛选，可取得高资质的小贷公司客户。在投资端，PPmoney也曾阶段性地尝试与银行合作的模式，PPmoney通过平台的知名度和其他销售渠道获取投资者，而银行在其中担任的是资金托管的角色，以保证资金账户的安全和透明公正。PPmoney和小贷公司都介于投资者与借款者之间，充当纯中介角色，只收取手续费，并不直接参与借贷项目。该运营模式如图9所示，通过利用小贷公司的客户搜寻能力，并通过小贷公司的第三方机构担保安排，可以从源头上对风险进行把控，保证平台健康运营。

---

① 资料来源：PPmoney官方网站。

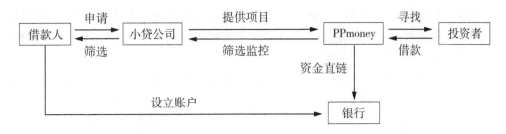

图9　PPmoney 的多元化运营模式①

3.2　严把合规建设，打造风控火眼金睛

2016 年下半年以来，PPmoney 的业绩状况就开始进入稳定增长期，根据 PPmoney 近期公布的 2018 年第三季度业绩报告显示，2018 年前三季度平台营业收入仍保持上升趋势，公司经营和财务状况良好。在近几年行业监管趋于严厉、行业风险事件频发的背景下，PPmoney 网贷业绩实现增长，经营数据表现亮眼，其原因一方面来自坚持合规建设的经营思路，一方面是对金融科技的重视，通过金融科技打造强大的风控体系。

PPmoney 成立之时，虽然赶上了行业的爆发期，但 PPmoney 没有失去理性的发展理念，坚守"合规是发展的基石"理念。2015 年年末、2016 年年初，行业监管开始收紧，网贷行业进入严格监管时代，监管层严格界定平台信息披露、备案登记、经营资质以及业务建设等合规方面内容。PPmoney 作为互金行业的领军者，首先发起自查行动，加强在信息披露、备案管理、银行托管、风控体系等方面的合规建设，为互联网金融行业的健康发展做出了榜样示范。

在具体的业务风控上，PPmoney 构建了完善的风控系统。

（1）PPmoney 对与其进行合作的机构进行严格的筛选。开展合作之前，PPmoney 对目标机构进行全面的背景调查。具有稳健的经营理念、良好的知名度和综合实力较强的合作机构，PPmoney 将优先选择与其开展合作。

（2）严把业务总额与承诺担保。PPmoney 对具体的小贷公司开展具体的评估，根据评估结果，对每家合作的小贷机构设定固定的投资金额上限；同时，小贷公司或担保公司必须对项目本息承诺担保，以此来达到分散风险的目的，从而避免引火烧身。

（3）对产品进行评级，并提取一定的风险备付金。PPmoney 对旗下的"加

---

① 数据来源：PPmoney 官方网站。

"多宝""安稳赢""车贷""微贷"等产品进行风险评级,并计提一定的风险备付金。在融资人于合同规定时期内无法还款时,平台将依据相应规则动用风险备付金垫付逾期未归还的本息。

PPmoney 在风控工作上的另一个亮点是其对科技的运用。随着金融科技浪潮的不断推进,风控智能化逐渐成为趋势。PPmoney 在风险控制上不断加大金融科技的投入,目前已经独立研发出 AI"灵机分"、智能撮合蜂巢引擎、隔绝用户与平台资产的银盾系统。三大系统借助大数据、AI 等最新技术,对用户进行丰富的人物画像,构建并丰富完善风控体系,打造集团独一无二的数字普惠金融生态圈。在 2018 年 7 月,PPmoney 又发布了其独立研发的智能风控成果,向广大群众展示了新一代反欺诈系统"金钟罩"和信用管理工具新版"灵机分"。"金钟罩"反欺诈系统利用人脸识别技术以及人工智能风控模型,结合大数据分析、关系图谱网络,对欺诈客群的精准识别与拦截,从而保证借款用户的真实性。而"灵机分"是基于灵机系统最新研发而成的信用管理工具,主要依托大数据和机器学习算法,综合考察影响用户,运用独有的评分模型对个人信用信息进行评估量化分析,最终形成具有较高参考价值的分值,作为风控流程中的重要评判标准。

AI"灵机分"、智能撮合蜂巢引擎、隔绝用户与平台资产的银盾系统和"金钟罩"的科技运用,在 PPmoney 的全面风险管理中发挥巨大的作用,从更精确的维度提升 PPmoney 网贷的风控决策质量和效率,形成更加稳固的风控体系,有效识别金融业务中的潜在风险,同时让集团的普惠金融服务变得更加精准化、专业化。

4 PPmoney 直面挑战与面朝蓝海

4.1 严守风控,做合规发展的标杆平台

2016 年以来,政策的收紧与某些企业前期合规和风险意识的欠缺,导致许多 P2P 企业在业务开展上显得步履维艰,甚至出现倒闭与跑路潮。对于网贷平台来说,风控能力是立足之本。当今这个信息化深入发展的时代,互联网金融产品的形态易于复制,真正构成核心竞争力的是平台的底层风控体系。

在技术驱动风控成为网贷行业发展新趋势之时,已不少"头部平台"(即网贷行业排名靠前的平台)依靠大数据、人工智能等金融科技手段驱动业务与

风控不断迭代升级，推动普惠金融业务规范发展。伴随着近几年行业经营者的去伪存真、监管的具体化和行业的规范化，网贷行业未来将更加成熟稳健，风险的控制将显得更加重要。作为普惠金融从业机构，PPmoney坚守合规发展，利用技术手段推动风控升级，让普惠金融服务广泛覆盖，最终为实体经济服务。

4.2 以科技创新，赴下一个十年之约

2007年，互联网金融行业在中国启动，如今互联网金融首个十年期已过去，进入第二个十年。如今，在消费升级的大背景下，技术的进步、互联网的普及以及消费者群体心态的变化正迫使互联网产业模式发生巨大变化。PPmoney作为中国领先的数字普惠金融集团，未来将继续为大众提供在线财富管理和综合管理服务，通过先进技术手段深耕普惠金融，以科技创新，赴下一个十年之约。

百度金融——度小满的金融科技生态成长路

伴随着互联网技术的进一步发展,互联网为人们生活服务的各项功能被逐渐发掘并运用,传统金融企业利用这次技术创新的机遇,展开同互联网企业的合作,二者各自发挥自身优势,利用互联网技术和信息通信技术来帮助解决金融问题。随着互联网技术影响人们日常生活的程度逐渐加深,金融领域自然也成为各大资本企业纷纷关注的对象。大数据、云计算的强势来袭,各种新的金融名词的诞生,给这个本来就充满活力的市场带来了新的生机。阿里巴巴集团依托着电商业务积累的巨大客户量建立了以支付宝为核心的互联网金融体系,腾讯依托着即时通信的庞大用户基础建立了以微信支付为核心的互联网金融体系。至此,在互联网金融领域内"BAT"互联网三巨头只差百度一家。

早在2013年,百度就已经开展了自己的互联网金融业务。由于当时在互联网金融领域布局太晚,导致其核心支付工具百度钱包的出现已经很难在主流的以支付宝和微信支付为代表的支付市场中分得一杯羹,用户原本的使用习惯已经很难改变,这样导致可以依靠支付宝和微信支付的巨大流量入口和用户活跃度实现轻松叠加其他金融产品的阿里巴巴和腾讯其实在某种意义上来说,已经占领了市场竞争的有利位置。再加上,百度金融在后续的产品运营方面也做得不够好,始终没能创造出一个拥有广大用户群的金融产品。林林总总的因素,导致百度处于互联网金融领域的下风,面临互联网金融的劣势局面,百度要想迎面追赶,必须在金融业务布局上有所突破。因此,为了缩小与另外两大互联网巨头在互联网金融领域的差距,百度开始了自己以大数据和人工智能为核心的全新互联网金融布局。以崭新面貌出现在互联网金融领域的搜索巨头,正在努力朝着自己的目标前进。

1 百度的互联网金融业务的发展历程

1.1 百度金融业务的开展

2013年7月10日,百度拥有了自己的第三方支付平台——百付宝。随即,百付宝便开始推出了网上支付功能及相关清算产品——百度钱包,百度钱包从此开始逐渐成为百度金融旗下的核心产品。2013年8月底,百度金融的第一款旗舰产品以测试版的形式上线。2013年9月,百度在上海市金融办申请成立小额贷款公司,自此开始自己向金融业务扩张的步伐。10月28日,百度上线了"百度金融中心理财平台"。百度搭建起了以百度钱包为基础支付工具,拥有借贷和理财等多种金融产品的生态链。

1.2 互联网业务的整合

2015年对百度金融来说是十分关键的一年。这一年,百度金融进行了金融部门结构的重大调整即成立金融服务事业群组(FSG)①。FSG成立后,百度相关金融团队加入金融业务集团。这次大规模的结构调整是由于以往金融业务表现不佳以及百度逐渐认识到互联网金融行业对集团未来发展的重要性提出的。这期间,阿里先发制人,发起成立了网商银行,而腾讯则投资成立了微众银行,三大巨头中的两大巨头已经有了自己的互联网银行。百度在2015年11月与中信银行合作成立了直销银行,即"百信银行股份有限公司"。阿里和腾讯凭借着先入优势,逐渐积累起自己的运营和流量壁垒,尽管百度在布局速度上落后了,但从当时的互联网金融环境来看,百度仍然有很大的希望从百度看重的O2O领域推动金融事业部的发展。因此,这一次整合在一定意义上为百度金融带来了新的活力。这次整合后,百度的金融服务业务涵盖了银行、保险、交易所等更齐全的业务功能,并且拿到了比较稀缺的银行、第三方支付、小额贷款许可证。图1为百度金融服务事业群组整合图示。

1.3 金融事业群组的拆分

百度金融事业群组的拆分,早在2017年7月就已提出,历时10个月后,

---

① 2015年12月14日,百度宣布组建金融服务事业群组(FSG)。

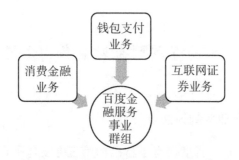

图1 百度金融服务事业群组的整合

国际私募机构德太投资（TPG）帮助百度公司完成了百度金融业务部的独立拆分。拆分后，最大的亮点就是出现了百度全新的商业品牌"度小满金融"。而且分拆后，百度宣布将在技术、平台和资源等多个方面与度小满金融密切合作。

拆分后百度金融的业务逐渐丰富，涉及的业务类别逐渐增多，拥有的主要商业品牌有：百度理财、有钱花、百度钱包、金融科技等。从各大品牌的主要业务来看，百度理财提供基金管理、财富管理、定期理财等理财产品；有钱花、百度钱包、金融科技业务等从其他方面各自展开。拆分后，百度金融基本形成了金融生态的闭环。一系列的金融服务和金融产品都在基础金融工具的支撑下得以运行，这是百度金融事业群组在拆分后焕发出的又一次生机活力。图2为拆分后度小满金融涉及的主要业务门类。

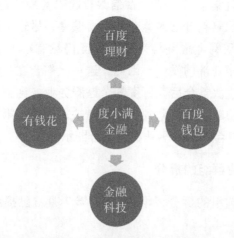

图2 拆分后度小满金融涉及的主要业务门类

2 搜索巨头的大数据和人工智能时代

互联网金融迫使传统金融业务开始进行新一轮的升级和创新，而在互联网金融领域也展开了新一轮的技术革命。当传统的"互联网+"模式的新颖度已被消耗殆尽，怎样转型和突破摆在了互联网金融企业的面前。大数据和人工智能是近年来互联网发展的主流趋势，这些新技术的运用，降低了互联网金融领域的人力成本、交易成本、信息筛选成本等等。百度依靠多年的中文搜索业务在互联网领域拥有了十分丰富的客户基数。百度多年专注搜索业务的创新，通过为大量用户提供免费的中文搜索业务来积攒丰富的用户数据资源，使得百度在用户的数据资源占有量上也有了较大的优势。而在人工智能这一领域的布局上，百度也基本处在国内领先的位置。百度大手笔地布局人工智能在备受外界质疑的同时，在人工智能领域也取得了傲人的技术成果。如果说，之前的互联网金融业务的竞争是以资本的大手笔投入和商业模式为主，那么接下来的竞争，大数据和人工智能必定会占有相当大的权重。百度的一系列收购和投资计划，都跟大数据和人工智能分不开，要么是技术企业的收购，要么是产业的整合，最后的目的也是要把大数据和人工智能运用到这些场景中去的。不论是百度地图、百度专车还是百度糯米乃至对其他行业的渗入，都是百度产业布局的一环。而一系列的产业布局也给百度金融提供了发展的基础，百度要想自己构建好这个产业生态圈，一定会把金融业务放在发展的突出位置，然后以金融业务为核心构造出一条具有核心竞争力的产业链。而百度金融依靠着百度背后强大的科技实力，也一定会在竞争上有质的突破。

3 搜索巨头的互联网金融产品之路

3.1 基础金融服务工具构建的支付生态闭环

3.1.1 百度钱包构建的完整支付生态闭环

百度钱包是一款用来满足用户日常消费行为的在线支付工具，百度发布该款产品的用意是希望将百度钱包打造成为一个类似支付宝一样的平台。经过平台的不断整合和规划,百度钱包逐渐拥有了帮助顾客获利的能力。百度钱包作为百度金融体系中非常重要的支付工具一环,不仅在为消费者提供便利上做出了许多努力,而且也在百度金融体系内部不断地将其他金融产品与其相连,从而以百度钱包为中心构建一个真正为消费者提供便利的金融服务平台。百度钱包通过将百度旗下的产品及大量入驻的商户与广大用户直接相连,从而使用户能够享受更加便捷的支付方式。

通过这些金融服务功能,使百度钱包能够在百度金融的各项金融服务中充当支付工具,这样就能确立百度钱包在整个百度金融业务体系中的地位,从而增加百度钱包的使用量,帮助百度钱包增强其在移动支付领域的竞争优势。百度钱包通过搭载在百度金融一系列的金融产品上,成为其支付工具的一种,从而形成了百度金融以百度钱包为中心,连接金融产品、银行等的一个完整的支付闭环。

百度钱包用户数量破亿,历经了从2008年至2016年的整整8年的时间,而伴随着互联网金融的迅猛发展,时间来到了2016年,从图3可以看出,用户量从年初的6500万到破亿,仅仅用了不到一年的时间。所以,伴随着互联网金融发展的东风,百度金融还是获得了一定的发展机遇。

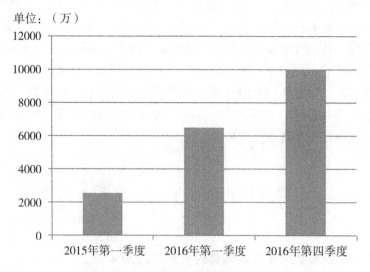

图3 百度钱包用户数量增长情况[①]

---

① 数据来源:百度公司季度报表。

3.1.2 百度钱包竞争的优与劣

百度钱包通过多年的发展，已经成为移动支付领域具有举足轻重地位的一个支付工具，但经过多年的发展，其自身的优劣势也表现得相当明显。

百度钱包的优势是建立在以百度用户为基础的庞大用户群和百度公司先进的互联网科技。百度公司是国内最大的搜索引擎公司，也是互联网三巨头中的一位，经过多年的发展，百度公司在国内已经形成了相当庞大的用户群体。百度通过旗下多项业务也一定程度上实现了用户量的导入，使百度钱包拥有了一定用户量。百度强大的科研实力也为百度钱包带来了技术上的优势，百度的大数据、人工智能等先进的技术也使得百度钱包在移动支付领域的竞争中占有了一定的竞争优势。

百度钱包的劣势是进入市场相对较晚，且后续运营上的不足等诸多因素，使得百度钱包在同支付宝、微信支付的竞争中已经处于竞争劣势。在支付金额和支付的使用频率上，支付宝和微信支付都领先百度钱包很多，支付宝和微信支付通过自身优势已经在用户中形成了使用习惯，而且这种习惯很难更改，这也导致尽管之后百度钱包做出了更多的努力和尝试，也很难改变现有的格局。三大支付品牌的应用场景对比分析，见表1。

表1 三大支付品牌的应用场景对比分析

项目	百度钱包	支付宝	微信支付
银行	百信银行	网商银行	微众银行
理财	度小满理财	余额宝	理财通
小贷	百度小贷	网商贷	微粒贷
评级	百度信誉	芝麻信用	腾讯信用
医疗	百度医生	阿里健康	智慧医疗

3.1.3 百度钱包的未来

百度钱包，由于其进入支付领域较晚，在用户基数上同支付宝和微信支付在竞争之初，就已经落入下风。不论是用户使用量还是资产的规模，都远远达不到两个竞争对手的水平。由于之前的竞争劣势已经形成，支付宝和微信支付已经在众多应用市场上占有了相当大比重的市场份额，百度要想改变原有的顾客支付习惯已经变得相对困难。而作为追赶着的百度应该通过怎样的策略去同支付宝和微信支付竞争呢？这是百度金融产品团队一直在思考的问题，也是很多人关心的问题。其实，百度可以继续以搜索业务为导向，增加用户对百度产品的黏性，通过近年来不断发展的产业链衍生业务来强化百度钱包的运用场景，打造一个属于百度自己的金融生态圈。而从百度钱包自身角度考虑，还是需要加大宣传力度和增加更多的优惠活动，来吸引更多的用户关注百度钱包进而有机会去使用百度钱包，再强化百度钱包内嵌各产品和业务的实力，做到真正方便用户，为用户带来更多的收益，然后还需要积极地争取更多的线下支付场景，这也是百度钱包目前欠缺之处。而百度钱包未来的发展还是需要依靠百度现在打造的和正在积极打造的产业链，因为只有这些产业群体逐渐地占据了市场竞争的优势地位，才会有百度钱包更多的发展机遇。

3.2 财务管理系列产品与服务的缔造

3.2.1 "有钱花"——人工智能和大数据风控的典型运用

"有钱花"，是百度旗下一款致力于为用户提供信贷服务的产品。"有钱花"主要是利用了百度的核心技术——大数据风控技术和人工智能，从而面向广大个人消费者提供消费信贷。

"有钱花"这款信贷服务产品有四大特点①：第一，额度高。利用"有钱花"这款信贷服务产品，个人最高可以借贷的额度高达20万元，这相较于其他同类产品来说，在额度上面已经有了很大的优势。第二，速度快。当所有的互联网金融产品都在追求审批、到账速度的时候，百度作为互联网巨头，自然在这方面也不会落后，"有钱花"在服务速度上的目标是"30秒审批，3分钟到账"，而且度小满金融也在通过各种互联网技术提高自己的服务速度，从而达到这一目标。在借款速度上，基本达到了实时到账的水平。第三，操作简单。互联网虽然可以说在国内基本普及，但是由于各种因素的影响，操作的难易程度对一款软件的使用量会有相当大的影响，基于互联网技术而兴起的互联网金融企业，自然很多产品也是以移动客户端等软件为载体的，所以一款金融产品要想吸引更多不同年龄段的客户，需要在软件的操作难易度上有更大的突破。而"有钱花"这款信贷产品，用户只需要使用手机下载App，点击进入后填写一些信息即可获得借贷额度，操作灵活；在还款方面，操作也非常简单灵活，点击"应还账单"后，即可选择不同的还款方式进行还款。第四，品牌强。很多互

---

① 资料来源：有钱花官网。

联网金融产品最终的失败是由于提供金融服务的企业本身失去了消费者的信任而导致的。由于客户和企业之间存在着明显的信息不对称问题，很多金融产品产生了彼此之间不信任的因素。"有钱花"背后依靠的是百度公司的品牌知名度和信誉度，作为互联网巨头的百度公司，在这一方面自然有着先天的优势，再加上"有钱花"是一款安全而且费率透明的信贷服务产品，所以自然使得"有钱花"有了比其他同类中小互联网金融信贷产品更大的品牌优势。

随着"有钱花"的不断发展，这一信贷产品也衍生出了"有钱花—满易贷""有钱花—尊享贷""有钱花—小期贷"等产品。不同类型的产品可以方便用户根据自己的借款需求灵活选择，从而达到精准匹配的目的。

3.2.2 "度小满理财"——多样化、多元化、定制化的理财服务

当蚂蚁金服旗下的余额宝理财产品的规模大到足以影响国有银行的时候，足以说明互联网金融理财产品市场的潜力有多大。在金融市场上，用户存放在银行的活期存款账户上的金额是相当大的，如果互联网金融企业能够以高出银行活期存款利率的理财产品吸引用户手中的这部分闲置资金，利用自身的优势解决个体用户无法解决的资金在时间上和空间上的分配问题，双方都将获取更多的收益。在2013年10月，百度理财服务平台正式推出，"度小满理财"是希望通过专业化的团队，在市场上挑选多元化、高质量的金融理财产品，供用户进行选择，从而打造出一个安全、专业、全面的综合金融服务平台。

"度小满理财"拥有四大特点[①]：第一，安全放心。百度公司提供了一个大的发展平台，这是"度小满理财"实力的保障，而基于百度旗下众多互联网技术的运用，又使得"度小满理财"的风控系统相较于其他互联网金融平台更加先进。第二，品类丰富。更名后的"度小满理财"拥有相当宽阔的产品线：包括传统银行提供的活期理财、定期理财业务，也包括其他金融机构提供的基金定投、保险等业务。丰富的产品品类，可以吸引更多不同投资需求的用户。第三，灵活便捷。"度小满理财"旗下众多产品的投资门槛相当低，甚至很多产品是投资零门槛的，众多期限不同、收益率不同、风险不同的理财产品也可以使得用户根据自己的需求灵活选择，而所有理财产品的购买都可以通过 App 进行操作，并且操作起来也相当简单。第四，专业可信赖。"度小满理财"拥有专业的资产管理团队，这些优秀的投资分析师和资产管理人员能够持续挑选或者创造出许多拥有优异投资回报的金融产品，为用户创造更高的投资回报。

---

① 资料来源：度小满理财官网。

3.2.3 百信银行——科技与大数据的双轮驱动下的智能普惠银行

互联网银行在传统互联网巨头进入金融行业之初，就是一个汇聚了各方目光的领域。早前，各大互联网机构都在为获得业务牌照而做出各种尝试。在阿里巴巴成立了网商银行和腾讯成立了微众银行后，百度公司逐渐意识到了互联网银行在整个互联网金融体系中的重要性，于是携手中信银行建立了百信银行。百信银行依托中信银行强大的产品开发和创新能力以及客户管理和风险管理控制系统，同时有百度在互联网技术和用户流量资源的优势，从而能让百信银行满足用户的个性化需求，创造差异化、独特的市场竞争力。百信银行有三大核心业务：消费金融、小微信贷和财务管理。直销银行的主要特征是客户可以通过网络、电子邮件、手机等远程方式来获取银行产品和服务。直销银行由于没有营业网点，在相关管理成本和营业成本上比传统银行低，因此直销银行可以充分利用这一优势为客户提供价格更低廉的服务。人工智能是百度公司的一个非常重要的发展方向，百度金融发展的重点也是聚焦在金融科技领域，而作为一家金融科技公司，百度金融发展的重点是寻找更多的应用场景，这些场景中的业务数据沉淀和结果的反馈，能够反过来提升金融科技的实力，这也是百度公司和中信银行合作很重要的原因。

从百度金融的整体布局来看，其布局重点一直是围绕个人信用业务来展开的。百度的个人信贷业务主要包括教育机构、医疗机构和消费贷款等的分期业务。在与中信银行合作之前，百度一直使用自有资金作为贷款资金来源。虽然成本较低，但也使得金融业务成为百度的巨大风险敞口，这种做法直接导致许多评级机构在当时降低了百度的信用评级。在百信银行获得银行牌照后，这一情况得到了较大的缓解，利用百信银行的业务优势，一定程度上缓解了百度在先前资金方面的压力。

截至目前，银行账户的开立还是需要到营业网点进行相关信息的采集。远程开户虽然一直汇聚了众多用户的强烈呼声，但是这一技术始终没能最终落地。中国银行保险监督管理委员会（以下简称"银保监会"）相关制度的规定，使得远程开户有众多技术和难题需要解决。信息采集方面，百度公司的人脸识别技术有相当厚的底蕴和相当强的科技能力，而这一技术也能很好地解决信息采集过程中最重要部分的信息采集工作。所以，未来的百信银行也拥有更多的竞争优势。

银行设立很大程度上解决了资金信息的不对称问题，而互联网领域解决信息不对称问题很重要的方法是借助大数据。在国内，百度公司的大数据一直处在国内互联网企业的领先水平。百度公司可以通过为百信银行提供数据服务的方式，让银行的各项业务更有针对性，能够让设计出来的相关金融产品能更符合用户的需求。

3.3 金融产品的多维度覆盖

3.3.1 互联网保险业务——利用数据优势致力于解决保险产品同质化问题

在互联网保险业务上，2017年，百度利用其旗下的投资公司百度鹏宴全资收购了黑龙江联保龙江保险经纪有限责任公司，从而间接地获得了保险中介牌照。这个时间点，相对于阿里和腾讯这两大巨头而言，百度在保险业务牌照数量上已经落后很多了。经过互联网保险业务多年的发展，很多互联网用户群体其实已经对互联网保险业务有了更深刻的认识，也更能接受互联网保险业务了。正是由于巨大的市场潜力，才使得百度金融在即使已经知道自己进入时间较晚的情况下，仍然寻求多种途径，以期在互联网保险业务领域分得一杯羹。此时的阿里和腾讯已经纷纷展开了同国内保险业巨头的合作，而对于后进入市场的百度来说，最重要的还是怎样才能在这个领域立足下去。所以，百度一直秉持的保险业经营理念就是：充分利用自身的数据优势以及对客户需求深入分析和理解，在保险类业务的产品和服务方面对整个行业进行供给侧的结构改革，从而解决长期以来的产品同质化等问题。

保险的本质是为了防范风险而产生的产品，是金融行业的"三驾马车"之一。相比传统保险业务，互联网保险业务自带三大优势：第一，互联网保险业务可以通过互联网保险产品将保险公司和客户直接相连接，不需要中间代理环节，所以减少了中间的佣金费用，从而使得互联网保险产品的价格相对较低。第二，互联网保险产品一般基于大的互联网企业，所以在保险公司入住平台上，审批比较严格，减少了客户的筛选成本。第三，从目前的情况来看，互联网保险业务并没有得到真正意义上的普及，观念、思维等方面的影响还是使得互联网金融市场上存在相当大的一片空白。即使是先进入行业的阿里和腾讯，在目前看来，也仍然在做着一些链接其他金融工具和产品的尝试，并没有占据绝对的市场份额。所以，百度金融立足于自身在大数据方面的优势，精准了解市场地位，着眼于向客户提供更具个性化的保险产品，这应该是百度金融做出的明智之举。

在保险业务方面，百度金融涉及的业务主要包括：医疗险、重疾险、出行险等大类的保险产品。通过同国内知名保险企业泰康在线、国华人寿、美亚保险等保险企业的合作，百度的保险业务正在缓慢而有序地展开。在互联网保险技术上，百度金融也有自己的创新，百度采用千人千面的智能客户画像机制技术来为客户开展业务，这一机制有两大优势：第一，可以帮助企业形象地了解目标用户的行为特征，通过用户的行为分析来作为判断客户需求的依据；第二，百度通过分析用户行为数据，从中构建各种标签，从而在用户生命周期中不断刻画出用户意图，来辅助百度互联网保险业务的产品运营。这两大优势将科技与保险技术结合，能更好地开发出适合客户需要的保险产品。三大类产品下数十种产品，尽管在形式上多样，其实在保险产品的设计上并没有什么新颖之处。以医疗险类目下的国华至尊 500 万医疗险为例，在该款产品的设计上，根据保障情况和保费分了多个层次，不同的保费对应不同的保额；但是，由于医疗险的价格本身已经压得很低，如果想更充分地利用价格优势，可能会使得产品的稳定性大大降低，从而增加停售的风险。所以，不论是在产品设计上还是产品价格上，百度金融旗下的这款保险产品相较于市场上已经存在的保险产品，并无多大优势可言。

虽然依托着百度天生巨大的流量入口，可以获得一定的市场销量；但是，从目前百度金融推出的保险产品来看，并没有一款产品具备成为爆款的特质，基于这一点，可能不符合互联网保险销售的特点。所以，在接下来的百度金融保险产品的设计上，要潜心设计一款市面上缺乏的保险产品，在产品设计上要标新立异，能够打破传统保险业固有思维，具备爆款潜质，能够直击用户痛点，以一款又一款的热卖产品来推动整个互联网保险业务的发展。

3.3.2 互联网证券业务——利用大数据、人工智能为用户定制个性化投资策略

创立基金公司，向来是互联网企业投身金融行业的一种形式。阿里巴巴在很早就成立了蚂蚁金服和云锋基金等公司，蚂蚁金服现已成长为拥有最全金融牌照的互联网金融公司，近年来，在资本市场上云锋基金的影响力也越来越大。腾讯在互联网券商业务方面的动作更频繁，范围也更广，腾讯旗下的腾安信息科技有限公司在早前获得了投资基金销售的资格，腾讯通过参股的方式间接获得了境内券商全牌照和港股交易牌照。百度金融在互联网券商业务上的动作略显迟缓，其取得金融行业的销售许可证的时间也相对较晚，但在获得基金代销许可证后，百度金融便与金融机构合作，更好地开展基金销售业务，并借助大数据搜索和人工智能挑选数据等方式选取适合用户的基金产品，从而为用户提

供更专业、安全和值得信赖的金融服务。

在支付宝等 App 的金融功能日渐全面之时，百度金融不甘示弱，推出了"百度股市通"这样一款针对股票投资的软件。打开这款 App，里面的内容除了一般炒股软件所共有的功能之外，还增加了众多新功能。例如，对大盘走势的预测。股市通有投资者对今日大盘走势的预测，这些预测结果使得百度可以通过大数据技术、人工智能技术分析投资者的投资心理和投资情绪，这些包含昨日预测和今日预测的相关数值及偏离度，同样也方便股票投资者对其他投资者的心理预期有一定的了解。

尽管百度在互联网证券业务上的步伐已经远远慢于阿里和腾讯的步伐，但是大数据和人工智能是百度的天然优势，面对复杂的金融市场投资环境，普通投资者在技术分析、建模分析等专业方面的能力较机构投资者具有先天的不足，而国内的个体投资者在股市中又占有相当大的数量，所以，百度金融利用大数据和人工智能技术，帮助投资者筛选信息，帮助投资者选择出更专业、更值得信赖的理财服务也是市场热切期待的。所以，坚信今后的百度金融业务如果能更好地利用百度在大数据和人工智能等技术方面的优势来帮助投资者对金融产品进行筛选和分析，一定能够获得较为满意的市场份额。

4　百度金融的战略构建

4.1　与银行业的携手同行

4.1.1　2017 年 6 月与中国农业银行的合作

2017 年 6 月 20 日，百度宣布了与中国农业银行进行深度合作的消息，希望通过合作，协同中国农业银行来打造智能化银行发展格局，这次合作在推动普惠金融发展方面做出了更多的技术性贡献。当前的金融科技已经有了较大的发展，已经进入了智能金融时代。智能金融时代的百度金融通过其在传统互联网领域的技术探索和尝试，拥有了其他互联网企业无法相比的技术优势，即大数据、算法和计算能力等。这些技术都能够更好地帮助百度金融进行智能获客、身份识别、大数据风控、智能投顾、智能客服等业务的开展（详见图 4）。农业银行作为国有四大银行，业务能力和资产管理能力已经毋庸置疑；然而，受到近年来互联网金融行业的冲击，传统银行业务受到了不小的打击，拥抱互联网技术已经成了大势所趋。这次合作，中国农业银行也是因为看中了百度公司在智能技术方面的实力和能力，开展这次活动，能够使两大企业优势互补，更好地为开展金融业务服务。

这次的合作领域主要包括构建金融大脑以及客户画像、精准营销等方面，这些合作领域在当时正是代表着金融业未来发展方向的前沿趋势。这次与中国农业银行的合作也标志着金融技术创新的全面升级，智能化将成为金融技术转型的新方向。

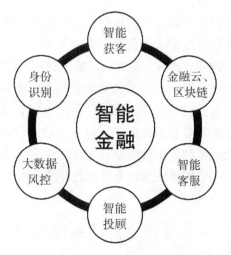

图4　百度同中国农业银行合作的技术基础

4.1.2　2017年8月与中信银行的合作

百度通过合作的方式，选择将中信银行作为合作伙伴，成立了直销银行。中信百信银行的成立，是百度在互联网银行领域发展成果的重大突破。

直销银行是几乎不设立实体营业网点的，而是通过网络等通信系统，借助网上银行、电话银行等终端工具，在远程端就能够实现终端的客户和银行的业务中心直接进行相关业务的操作，在设立上没有时间和地域上的限制。

中信百信银行成立后的主营业务是：吸收个人和小微企业的存款、发放贷款；通过电子渠道结算账户；处理电子票据承兑和贴现等金融交易业务等。中信银行利用其金融风控能力和产品研发能力以及线下渠道资源，再结合百度在大数据、人工智能、云计算等方面的先进技术，同时推动银行相关业务的技术和数据的发展。打造出一条"线上＋线下""银行＋商业"的智能普惠银行模式。

4.1.3　2018年与中国农业银行的合作

当智能金融（AI-Finance）这个概念变得愈发流行之际，百度公司同中国农业银行在2017年合作的基础上又有了新的进展。与之前开展的互联网金融科技服务不同的是，智能金融的相关概念变得更加具体了，即以人工智能这一技术来驱动金融的相关技术发展。金融行业充满了大量的交易和数据，因此也成为AI技术非常重要的运用场景。用人工智能技术来提升银行的客户体验和改进办理业务的效率，从而达到降低成本和进行有效的风险控制的目的已经成为银行业拥抱智能金融的一个非常重要的原因。

2018年年初，百度与农业银行共同打造的农业银行"金融大脑"正式投产。该项技术可以更好地改善服务质量，从而实现业务的"两升一降一控"，即改善用户服务体验、提高获客和产品匹配能力、降低运营成本、控制金融风险。而农业银行利用此技术实现的四个目标也正好是AI技术着陆于不同的金融场景应用的核心。比如说，如果使用农业银行的智能掌上银行软件，验证方式可以不用通过输入密码或者验证码，而直接刷脸识别，这就是智能技术中人脸识别技术在金融领域的应用。当然，这一应用可能今后的发展不仅仅局限在登陆或者查询等使用上，最受用户推崇的远程开户能否实现，这项技术也十分重要。目前，各大互联网金融巨头都在做的"信用评级系统"也是综合互联网企业和银行的数据而进行智能建模产生的。应用金融大脑，用户如果需要在银行申请新业务，也能利用智能开户、智能识别等技术来免去大量信息的填写和资料的审批，使得客户在更加简单快捷地获取服务的同时又不增加银行的风险。

然而，这一合作成果的落地，不仅对农业银行的业务有大量的利好，对于百度金融业务的开展，也带来了新的机遇。中国农业银行作为体量较大的国有四大行，在很多方面具有"旗帜效应"，通过这次成果的宣布，使得百度金融能够有了同邮政储蓄银行、广发银行、浦发银行、南京银行等银行合作的机会，从而打造出一个属于自己的"金融合作伙伴圈"，这种效应使得百度金融的合作前景更加广阔。

4.2　与保险、基金业的战略合作

4.2.1　与太平洋保险旗下的子公司太平洋财产保险公司的合作

2016年6月，太平洋保险公司计划与百度鹏寰资产管理有限公司共同成立一家股份制财产保险公司。该保险公司的主要业务范围包括机动车辆保险和相关保险险种。从中国太平洋保险的角度来看，这种合作可以帮助太平洋财产保险公司通过与百度的优势资源相结合，提升其在财产保险领域的专业管理能力和业务创新能力，并会在一定程度上帮助太平洋财产保险公司乃至整个太平洋保险集团提升数字化创新能力，加速业务转型，提高公司在保险领域的竞争力。从百度方面看，百度金融布局较晚，两大竞争对手阿里巴巴和腾讯已经在保险领域有了布局，而这次合作有助于百度公司借助保险业明星企业的力量，更好地在这一领域展开竞争，而且保险行业也是百度金融的一个重要应用场景。

2018年10月，这一合作计划最终由于未获得银保监会批准，最终宣布终止。从保险行业来看，监管层为了降低激进的经营和投资行为带来的风险，在保险牌照的发放上十分谨慎，这些因素的影响导致这次合作计划最终失败。结合之前百度公司携手德国安联保险及高瓴资本成立百安保险也没有获得批准来看，监管压力仍然是百度金融必须考虑的一大问题。随着互联网金融产生的金融安全问题越来越多，总体的监管趋势一定是趋紧的，所以，百度金融要想获得更好的发展，需要同保险公司制定更满足市场需求、更符合监管层要求的合作方案，以此增大获得批准的机会。

4.2.2　2017年携手中国人寿成立投资基金

2017年12月，中国人寿与百度签署了一项人民币基金合作协议。该基金的规模大约为140亿元人民币，这笔基金在最初也设定了重点投资领域：互联网领域的中后期项目①。

由于百度在互联网领域布局早、相关专业背景强，所以这只基金主要由百度资本负责运营。从投资领域来看，基本都与互联网有关，而这些投资领域都是百度擅长的领域。百度是互联网行业的巨头企业，在这些领域百度能充分发挥巨头优势，使该基金能尽早便利地接触一些投资项目。百度金融通过同中国人寿合作成立基金，能够在一定程度上完善百度金融在投资领域的布局。

4.3　与其他金融公司的金融合作

4.3.1　2017年7月与PayPal合作提升跨境支付体验

2017年7月，百度同国际知名支付公司——PayPal控股公司也展开了支付

---

① 资料来源：百度官网新闻。

领域的合作，从而利用其在支付领域的相关经验来帮助百度用户提升跨境消费体验。

在这次合作达成之前，腾讯和阿里旗下的蚂蚁金服早就已经进行了相关海外支付网络建设的行动。蚂蚁金服收购了美国汇款公司 MoneyGram（速汇金），并且还积极购买了亚洲 6 家支付公司的股份，虽然收购计划最终破产，但其他一系列的行动为其跨境支付业务竞争力的提升起了很大的推动作用。腾讯公司也在境外一些国家直接申请了支付牌照，而且腾讯公司的微信支付还同全球支付公司签署了一系列的合作协议。这两大巨头早以精准的眼光瞄准了跨境支付这一块大蛋糕，这使得后进入市场的百度不得不寻求同国际支付企业的合作。

伴随着出境旅游等行业的不断壮大，跨境支付的市场潜能也被不断激发，跨境支付这块大蛋糕吸引了越来越多的投资者涌入。在产品上拥有先天优势的阿里巴巴和腾讯也很早就抢占了先机。百度钱包拥有的客户体量虽然不及支付宝和微信支付，但是其客户量还是足以吸引优秀的国外支付企业同其展开合作。PayPal 公司此前也有过多次进入中国市场的尝试，但是由于严格的监管和同类强大的竞争企业存在，使得其努力都失败了。百度金融与 PayPal 公司的合作是为了用户从事跨境支付提供服务支持，双方这次的目标就是瞄准了跨境支付这一市场。相信通过这次的合作，百度金融能够充分借鉴 PayPal 公司在支付方面的先进技术，帮助百度钱包的支付功能得到进一步的提升，不断提升用户的支付体验，从而帮助百度钱包做得更好。

4.3.2 百度作为技术服务商，搭建了区块链服务端 BaaS，从而为百度引入了区块链技术

引入这一技术后，联盟链上其他参与该节点的诸如信托、券商、资产生成方、评级机构等金融企业，都能更方便地参与到整个资产证券化活动中。这一款 ABS 交易产品由于都在链上交易，所以透明度较高。对于投资者而言，毫无疑问的是其所投资产的透明度得到了显著的增强，而且使得资产在二级市场的估值和定价变得更为合理。对于金融中介机构而言，这款 ABS 产品有更高的尽调置信度，而且尽调的效率也比传统产品高。对于监管机构来说，对于满足多层次交叉监管和审核提供了便利。

区块链技术有相当大的运用前景，而对于在互联网金融领域已经在起步上落后的百度来说，这一新的底层技术的出现，给百度带了弯道超车的机会。尽管许多企业在区块链底层技术平台的开发上已经有了许多的成果，但是由于治理结构和组织性质等问题，导致许多公司缺乏执行力，这样就会导致代码的迭

代速度和质量并不能达到市场的预期，而百度公司在治理结构和组织性质上拥有大企业独有的优势，加上多年来在前瞻技术方面的努力，使得百度拥有大量的技术储备，这也为百度利用新技术搭建新产品提供了便利。如果百度能够补齐技术和业务脱节的短板，相信百度一定能利用新的技术为金融业务带来更多的发展机遇。

4.4 北大光华·度小满金融科技联合实验室

2018年10月12日，度小满金融与北京大学光华管理学院宣布成立金融科技联合实验室。该实验室有五大研究方向：第一，探索适合中国用户的数字化资产配置方案；第二，超大规模关联网络在互联网金融领域的应用；第三，在线机器人在金融领域的应用（客服、催收）；第四，如何开展监管科技业务，提升国内监管机构的效率与风险防控水平；第五，基于区块链技术的通证经济机制在金融领域的应用。这次合作是站在金融科技从传统IT技术驱动向人工智能技术驱动转变的历史节点上推出的。从以上五大研究方向就足以看出未来金融科技的发展方向。百度结合北大光华在学术界的影响力，使百度进一步接触到国内优质的科研技术来积极地探索前沿技术在金融场景中的应用，也可以为百度培养更多的跨学科人才。相信这一次合作，能够为未来互联网金融的竞争激发更大的潜力。

5 度小满金融未来的忧与思

5.1 度小满金融未来发展面临的压力

度小满金融未来发展也并不是一帆风顺，同样面临着来自内部和外部等多重压力。

从百度内部来说，百度是一家非常注重技术的企业，但是其运营和推广能力，在百度的很多产品上体现的并不充分。互联网金融领域的竞争不仅仅是互联网技术上的竞争，后续产品的推广和运营对一个产品也起到至关重要的作用。百度在将先进的互联网技术注入度小满金融的同时，还需要打造一支优秀的产品设计队伍和运营队伍，让度小满金融的一系列金融产品能够在市场上收获更多用户的青睐。而度小满金融自身的发展方向和转型方向也面临着很大的压力，如何增强度小满金融同百度其他产品的黏度，让更多百度其他产品的使用者接受度小满金融系列产品,从而构建属于百度自己的金融帝国,这也是值得思考的问题。

从外部竞争来说,度小满金融面临的压力主要还是来自阿里巴巴和腾讯各自的金融部门。由于在前一轮的竞争中,这两家互联网巨头的金融部门已经占据了相当大的优势,而且拥有了非常庞大的属于自己的忠诚用户,度小满金融要想从中抢夺市场份额,竞争压力还是相当大的。

5.2　度小满金融未来发展的方向

现在的百度公司,由于主营业务的营利能力逐渐降低,在备受外界争议后,公司已经坚定地开启了自己的转型之路,开始从一家传统的互联网企业转变为一家多元化业务共同开展的企业。作为人工智能最有价值的落地场景之一的金融领域,已经成为百度公司重要的战略阵地。未来的金融领域竞争很可能转变为智能金融的竞争,而度小满金融要想在这一轮的竞争中获得竞争优势,还是需要在拥有领先的人工智能技术的同时,紧跟行业发展的大势。首先,伴随着消费升级概念的不断兴起,人们的消费方式已经在发生着潜移默化的改变,在消费金融领域百度还有非常大的发展空间。其次,智能投顾这个领域的市场空间也非常大,金融市场中金融产品和交易策略的日趋复杂,使得各大互联网金融企业都开始引入智能投顾概念,也在做相关的实践,但是真正有成果、真正取得很好效果的很少,导致智能投顾市场仍然留有相当大的空白,度小满金融也很早在智能投顾领域展开布局,并且已经取得了一定的成果,相信度小满金融在未来的智能投顾领域一定会有长足的进步。最后,智能风控这个领域也隐藏着大量的发展机遇。由于金融风险在金融生活中占有的地位越来越高,金融危机以后各金融企业都加强了风险意识,但是由于市场中的产品类型、交易方式等日新月异导致原有的风险管理办法已经很难控制金融风险。伴随着智能金融时代的到来,智能风控赋予了风控领域新的生机与活力,大数据和人工智能的结合一定是未来互联网技术发展的主流趋势,这也为百度利用自身优势去为度小满金融未来的发展提供了新的机遇。相信未来的度小满金融依靠百度先进的互联网技术,紧随互联网金融的发展趋势,一定会有更长远的未来。

京东金融的版图扩张与战略转型

京东创立于 1998 年，它已经从最初中关村的一个小门店，成长为时下中国最大的在线零售商和中国最大的整体零售商，业绩斐然。淘宝作为电商行业龙头，京东要想在淘宝的绝对优势下杀出一条血路，就必须走一条特立独行的道路。京东从 2004 年开始正式涉足电商领域，京东"掌门人"刘强东凭借多年销售 3C 产品的丰富经验，一开始就将京东定位于专售高质量的 3C 产品。随后它不断扩展自己的经营范围，但始终坚持对质量和真实性的承诺，以其庞大的产品种类，从生鲜食品和服装，到电子产品和化妆品，为网上购物设定了标准。在国人的心中，京东一直被视为"正品"的代名词。同时，为了提高用户体验，京东自己建立了物流体系，并且已经发展了十来年，"211 限时达"和"夜间配"等多个创新服务更是极大地提高了客户的购物体验。高质量的产品和高效便捷的物流服务早已经成为京东区别于淘宝的特有标志，但是，刘强东并不满足于此。

2013 年 10 月，京东金融从京东集团独立出来。京东金融从一开始出现在人们视野中，就不可避免地被拿来和同为电商系背景的蚂蚁金服做对比。京东金融一直强调自己是一家科技公司，短短数年就已经成为国内的独角兽企业，在科研领域尤其重视创新精神。

1 "一体两翼"与京东集团的持续扩张

2018 年 4 月，胡润研究院发布了《2018 年第一季度胡润大中华独角兽指数》，京东集团的京东金融和京东物流都在该名单内。可见，京东集团已经形成了以京东商城为核心，京东金融、京东物流为补充的发展模式。京东金融、京东物流能在短短几年内成功孵化成超级独角兽，离不开京东商城电商业务的持续增长,而京东商城既需要京东物流提供强大的物流服务,也需要京东金融为京东商城的多方参与者提供便利的金融服务。因此,我们可以说,京东商城、京东金融和京东物流是京东集团发展的"三驾马车"。

1.1 自营电商整合价值链

一般来说,价值链整合模式有三大要素,分别是产品流、现金流和信息流,价值链整合模式的商业价值主要体现在:企业可以系统优化产品流、现金流和信息流这三大要素,节约各种摩擦成本和实现企业增值。而且价值链整合模式与供应链管理息息相关,前者的持续运转需要供应链管理不断与时俱进和创新,供应链管理效率的提高也离不开价值链整合带来的要素优化。在一定程度上,京东商城的价值链整合模式也是京东金融推出供应链金融的大背景之一。

价值链整合模式下的"京东模式"从2009年就开始明确起来。京东整合价值链的战略布局突出表现在两点:系统性建设自营电商平台的产品流和系统性建设自身物流体系。从一开始主营3C产品到经营所有产品,从仅限于自营到有条件地开放第三方平台,京东的产品流管理效率逐渐提高,京东整个集团在电商领域的口碑不断提高,其受欢迎程度也日益增加。

1.2 自建物流体系与用户黏性增强

通过价值链整合,京东在产品流上已经形成了自己的竞争优势。但是京东也远远不满足于此,京东的战略目光也是高瞻远瞩的。从2006年开始,京东开始建设自己的物流系统,2010年更是将自建物流上升为京东集团的核心战略部署,加大对物流系统的投入。2019年5月,京东物流拿到了A轮融资,其市值也一直飙升,超过了100亿美元,成为国内的超级独角兽之一。

截至2019年,京东在全国建立了完整的物流体系,包括6000多个配送点和自提点,200多个分布于全国的大型仓储中心。刘强东当年在一片质疑和嘲讽中将物流业务独立,然后把京东物流剥离出京东商城,到如今形成独立的物流集团,"京东物流"早已经成为京东的特色招牌,这也是京东近几年能和阿里分庭抗礼的底气。而对于消费者而言,京东物流提供送货上门、次日达、夜间达、夜间配等时效服务,无疑会提高他们的购物体验,从而增强京东的用户黏性。

1.3 倾力打造互联网金融服务平台——京东金融

刘强东多次强调,京东集团的三大支柱分别是京东金融、京东物流和京东电商。从上面的分析可以看到，京东金融是这三大板块最晚发展的，然而京东金融的光环和前两者相比，却毫不逊色。据2018年10月的相关统计显示，京东金融已经成为互联网金融的巨头之一，意味着现在京东金融的金融科技服务能力已经成为行业的领头羊。五年间，京东金融从无到有，到如今成为估值超过200亿美元的超级独角兽，其完美蜕变是令人瞩目的。

相比于"BAT"三家巨头互联网公司的金融业务，京东金融虽然表现出色，但是还是有不少难以克服的短板，最明显的体现在于京东金融的牌照数量，特别是银行、证券等核心牌照数量是非常短缺的，这也是束缚京东金融战略发展的原因之一。

还好京东金融一直在走一条特立独行的路，无论是刘强东，还是京东金融CEO陈生强，他们在公开场合始终强调京东金融的"技术"和"赋能"两大特性：始终坚持发展高科技，坚持用技术输出为金融机构和各方主体提供金融服务，而不是做传统金融机构的取代者或对立者。再加上依托京东商城巨大的交易流量和客户数据，京东金融相比于其他三家巨头公司的金融业务，也有了自己的独立优势。京东金融不仅在供应链金融和消费者金融方面做得极其出色，而且还创新性地推出了多个互联网金融产品的"第一"："京东白条"和"京东ABS"，这两者都是极具特色的互联网金融产品；推出中国第一张具有互联网特色的借记卡——"小金卡"。表1为百度、阿里巴巴、腾讯和京东四家互联网公司的金融牌照获取情况。

表1 BATJ四家互联网公司的金融牌照获取情况①

公司牌照	腾讯	阿里巴巴	百度	京东
银行	微众银行（持股30%）	网商银行（持股30%）	百信银行（持股30%）	无
保险	和泰人寿、众安保险、英杰华人寿	国泰产险、信美相互、众安保险	无	无
基金	无	天弘基金	无	无
信托	无	无	无	无
第三方支付	财付通（微信支付）	支付宝	百度钱包	京东支付

---

① 资料来源：新金融琅琊榜；"BATJ"分别指百度、阿里巴巴、腾讯和京东。

续表1

公司牌照	腾讯	阿里巴巴	百度	京东
消费金融公司	无	无	无	无
小贷公司	财付通网络金融小贷	重庆蚂蚁小微小贷、重庆蚂蚁商城小贷	重庆百度小贷、上海百度小贷	重庆两江小贷、重庆京东同盈小贷、北京京汇小贷
基金销售	腾安基金销售公司	蚂蚁基金销售公司	无	北京肯特瑞财富投资管理公司
保险中介	微民保险代理	上海蚂蚁韵保保险代理、杭州保进保险代理	黑龙江联保龙江保险经纪公司	天津津投保险经纪公司
个人征信	腾讯征信（试点）	芝麻信用（试点）	无	无
金交所	无	天津所、网金社	百金所	无

2 京东金融：打造特色金融体系

2.1 "金融+互联网"布局生态系统

毫无疑问，京东金融是"互联网经济"京东商城的产物。它从2013年开始独立运营，在此期间，业务范围从消费者金融、供应链金融到京东白条、人工智能等，客户群体从原先的商城消费者和供应者，扩大到包括广大金融机构、普通民众、社会群体，京东集团的金融生态系统趋近完善，社会影响力也愈见增强，成为京东集团发展扩大当之无愧的左臂右膀。截止到目前，京东金融有十一大核心板块，包括之前提到的供应链金融、消费金融等等，这些都是传统金融与互联网的深度结合，内容齐全，产品也非常丰富和完善，恐怕是"超级独角兽"蚂蚁花呗也难以望其项背的。总之，京东集团通过"金融+互联网"的方式打造了成熟又完善的金融生态系统，京东金融是京东集团衍生出的一颗耀眼的明珠。图1为京东金融发展历程。

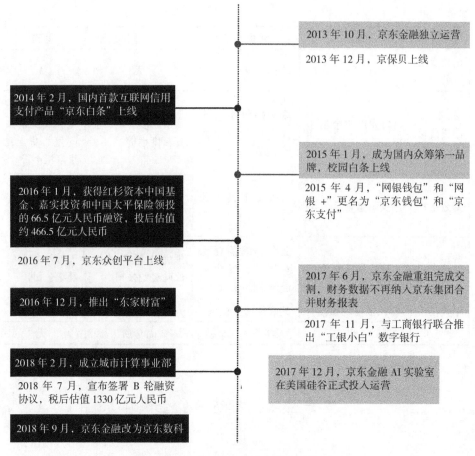

图 1　京东金融发展历程①

2.2　多管齐下完善金融场景

2.2.1　消费金融

京东金融众多金融产品中与我们广大购物者最息息相关的，莫过于京东白条了。2014年2月，京东白条上线，这也是国内第一款互联网消费者金融产品。"先消费，后付款"的理念，使得很多人把京东白条看成是虚拟信用卡，甚至可以毫不夸张地说，很多"90后"的第一张信用卡，或许不是传统的银行

---

① 数据资料来源：京东金融官网。

信用卡，而是"蚂蚁花呗"或"京东白条"等消费者金融互联网产品。它从一推出，就受到消费者的追捧，5年来受众和应用场景不断扩大，而且还没有出现过严重的问题，可以说，京东白条不仅是国内互联网消费金融的先驱者，也是成功者的典范之一。

消费金融是京东金融的核心板块之一，产品种类是非常丰富的，它旗下的产品除了被大众熟知的京东白条外，还包括针对校园大学生的借贷工具——校园白卡，也有针对居民旅游的消费者金融工具——旅游白条等等。京东消费金融的产品线不断丰富，与其应用场景的扩大同步发生。京东白条一开始是针对在京东商城上消费的购物者，不仅"先消费后付款"消费理念使它易于让人接受，而且"30天内免息"的设定更是让它大受欢迎。后来，京东金融又针对在校大学生推出校园白条这一产品。校园白条除了需要大学生实名认证和享受更多专属的特权外，其他的条件和设定与之前的京东白条是没有太大差异的。如果说第一款产品京东白条受众主要是城市白领人群，第二款产品校园白条就是主攻在校学生了。接着，京东的消费金融不断创新性地完善其应用场景，白条不仅可以应用于购物、校园，还能用于旅游、装修、众筹等应用场景，安居白条、旅游白条随即应运而生。如此一来，京东消费金融的应用场景遍历了普通民众生活的方方面面，不仅把消费者牢牢地和京东集团的各个板块紧密联系，还增加了消费者在京东集团下进行消费等行为，稳固了京东集团的消费者群体。

京东白条的同类竞品就是支付宝的蚂蚁花呗，蚂蚁花呗于2015年4月推出。通过与其比较，京东白条无论是在30天内免息，还是多样化的应用场景上，都是有明显的优势的。表2为京东白条和蚂蚁花呗在费率和营利模式上的比较。

表2 京东白条和蚂蚁花呗费率和营利模式比较①

产品	费率	营利模式
京东白条	1. 最长30天无费率延期付款； 2. 分期服务费：费率基准每月0.5%～1.2%（例如：基准为0.5%时，分三期费率为1.2%；日服务费率为0.05%起）	依靠自身资金获利，赚取扣除资金。风险后的分期服务费，通过分析积累的大量客户数据及购买记录，对用户进行信用评级，建立自己的信用体系

① 数据资料来源：京东金融官网。

续表2

产品	费率	营利模式
蚂蚁花呗	1. 花呗账单日为每月1号； 2. 花呗分期：3期为2.3%，6期为4.4%，12期为7.5%； 3. 逾期利息：每日为0.05%	依托庞大的电商平台，提升客户购买力，类似信用卡模式；花呗分期付款买家缴纳分期手续费

2.2.2 支付业务

京东金融的支付业务由于发展时间太晚，相比于支付宝和微信支付，丧失了很多的先天优势。然而，京东金融坚持创新，不断寻找新的突破口，实现自身发展。我们都知道，支付宝占据了在线支付的大部分份额，微信支付又抢占了社交支付的大量份额，京东想在这两大支付巨头夹缝中生存，必须另辟蹊径，而京东也确实是这么做的。它的突破口就是选择与银联合作。2017年7月，京东金融宣布推出与银联合作的产品——京东闪付。京东闪付对接的是线下消费场景，主要用来支持POS机消费，此后京东的支付业务飞速增长。截至2017年第三季度末，京东支付绑定的客户超过了1.8亿；2017年第四季度京东的支付交易额为7405亿元，同比增加84.57%；同时，在2017年，京东钱包在第三方移动支付市场份额为0.82%，在市场排名中占据第九位。①

2.2.3 财富管理

京东金融的财富管理业务受众主要分个人、企业和高端理财三个群体，发展全面，并且产品线非常丰富；同时，京东金融十分擅长利用自身的科技优势，推出多款行业内的创新产品，比如第一支主动型行业大数据券商基金等。另外，京东金融也广泛与多家银行、证券和保险公司等金融机构开展业务合作，与他们建立广泛的合作伙伴关系。京东金融善于借鉴传统金融产品精华，又利用科技的创新优势，京东金融的财富管理业务发展势头向好。表3为京东金融理财业务主要合作伙伴。

---

① 数据来源：京东金融官网。

表3　京东金融理财业务主要合作伙伴①

嘉实基金	建信基金	南方基金	大成基金
鹏华基金	华夏基金	中国平安	泰康人寿
前海人寿	太平洋保险 CPIC	阳光保险集团	中国人寿

在个人理财方面，公司提供的理财产品包括股票基金、资产管理产品、货币基金和债券基金等，种类非常多。个人都可以通过京东小金库购买京东金融的任何理财产品。而且，据调查，京东小金库的零用钱账户的收益率是高于支付宝旗下的货币基金产品余额宝的，这一点又增强了京东财富管理业务的吸引力。表4为京东小金库与余额宝收益对比。

表4　京东小金库与余额宝收益对比②

		京东小金库	余额宝
小额理财	产品名称	零用钱账户	余额宝
	七日年化	4.210%	3.779%
	万份收益	1.0969元	1.0165元
大额理财	产品名称	理财金账户	优选理财
	七日年化	4.327%	4.721%
	万份收益	1.1544元	1.2579元

在企业理财方面，京东金融于2016年5月上线了自己的企业理财产品，包括企业金库和定期理财。京东金融企业理财产品的最大优势是企业可以快速赎回，随时满足自身的流动性需求，且企业在购买理财产品时是不设置购买门槛的。其中，企业金库的特点是0.01元起投；定期理财的特点是定期最低1万元起投，最高7天周期历史本息全额承兑，7日的年化收益率为4.6%。③

在高端理财方面，京东金融主要以"东家财富"为主要高端理财平台，它依托京东集团的海量数据优势和专业的专家团队，向合格的高净值客户提供类固收、阳光私募、海外投资、私募股权等核心产品。其中，甄选多头策略阳光私募，CTA策略对冲、量化对冲等产品，提供多样化的大类资产配置工具；海

---

① 资料来源：海通证券研究所《京东金融：打通金融场景　剑指科技输出》报告。
② 资料来源：京东金融官网、蚂蚁金服官网。
③ 数据来源：京东金融官网。

外投资产品的特点是利用京东海外上市公司优势,把握全球周期性投资机会,实现跨市场币种的全球配置;私募股权产品的特点是携手国内顶级私募股权投资机构,布局科技创新与新兴产业版图,分享新经济发展成果,打造最具潜力的股权投资机会。

2.2.4 众筹业务

京东金融于2014年7月也大胆地推出了众筹业务。当时国内的众筹发展特别缓慢,风险也很大,很多大公司都不愿意涉足,包括腾讯,然而京东却敢为人先地踏出了第一步,京东众筹也是目前中国最大的互联网众筹平台。

京东众筹主要支持文化创意和智能科技产品,一方面满足了科技追随者和爱好者对潮流产品的需求,另一方面又解决了创新企业和科技公司的融资问题,极大地促进了科技创新,因此社会上把京东众筹称为"创新的孵化器"。发展至今,京东众筹成功发起了多个成功的大型项目,其所涉及的产品也远远超出了智能科技和文化创意的范围。截至2018年6月21日,京东众筹筹集的金额单项最高达到了1.2亿元,单项支持人数达到了37.4万人,四年以来累计的筹资金额为62亿元。①每一个项目众筹成功后,京东会向项目发起人收取筹资总额的3%～8%作为项目的平台管理费。京东众筹业务模式见图2。

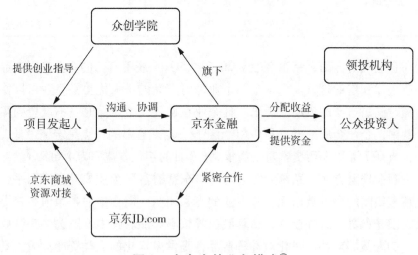

图2 京东众筹业务模式②

---

① 数据来源:京东金融官网。
② 资料来源:京东大数据研究院。

2.3 科技赋能提升核心竞争力

京东金融从2013年独立运营以来，已经经过了五个年头，累计服务的城市和农村个人用户超过4亿、各种小型微利企业800万个、各类金融机构700多家以及创业创新型公司12000家。①

2018年9月17日，"京东数科"静悄悄地取代了"京东金融"的名字，但是这一没有任何宣传的举动还是引起了外界的广泛关注，可见京东金融早已被大众所熟知。除此之外，京东数字科技还包括城市服务、数字农业、科技智能等独立品牌，京东数字科技依然会坚持做大做强金融板块，但是为了避免平庸和大力提升数字化能力，金融板块需要与用户、数据、数据技术、场景和资金等科技力量紧密结合，用科技赋能去提升核心竞争力，不仅做大做强金融板块，也做大做强一系列前沿的新业务。京东金融布局科技生态领域事件，见表5。

表5　京东金融布局科技生态领域事件②

时间	投资／合作事件	布局领域
2015年11月	与聚合数据形成战略合作关系	风控、支付、众创生活圈、消费金融
2016年1月	投资基于机器学习算法的大数据量化分析公司数据库	金融产业大数据
2016年6月	与四维图新确立战略合作伙伴关系	交通出行、消费洞察、车险征信
2016年11月	与美国大数据ZestFinance联合成立合资公司ZRobot	精准定位目标消费者
2017年12月	京东金融AI实验室在美国硅谷正式投入运营	人工智能：机器学习、计算机视觉
2018年2月	成立城市计算事业部	智慧城市：城市交通、规划、环境、能耗、商业和公共安全等

---

① 数据来源：京东金融官网。
② 资料来源：京东金融官网。

3 京东供应链金融与多方共赢

尽管京东金融的业务发展十分完善，不仅在之前提到的相关互联网金融领域发展得非常好，在城市计算、农村金融等板块也是处在行业领先位置。而在京东金融的十一大板块中，供应链金融无疑是最具特色的。一般来说，供应链金融能否成功，取决于这个链条中的"核心企业"能否有效聚合上下游产业和以它为核心的上下游企业、商家和用户。京东商城作为中国最大的自营电商，充当整合资源的核心企业，具有先天优势。

3.1 京东供应链金融版本进阶

3.1.1 供应链金融1.0版本：银企合作

供应链金融的出现由来已久，国内外对供应链金融的研究也比较多。京东金融一开始推出供应链金融，选择了与传统模式相结合的方式：与银行合作开展供应链金融，也就是这里所说的"银企合作"方式。大多数学者对供应链金融经常采用"业务模式＋授信产品"的双重定义。"银企合作"阶段，银行是资金的提供者，京东只是扮演了一个业务模式的提供者，也就是我们所说的"核心企业"。虽然这种模式有京东作为电商参与，但还是和传统的供应链金融没有太多差别，产品也是传统供应链金融中的应收账款融资、订单融资等。然而这种传统的供应链金融模式，与京东的预期相差较大：虽然有了与京东这样的大公司实质性业务往来作为信用担保，银行对一些小规模的供应商或下游企业仍然带有歧视，不愿意对其进行贷款。在这种情况下，京东需要寻求新的途径来满足上下游企业的融资需求，于是，京东的"自有资金"供应链融资模式应运而生。供应链金融三方关系，见图3。

3.1.2 供应链金融2.0版本：自有资金

京东供应链金融从"银企合作"阶段升级到"自有资金"阶段有以下几个契机：第一，京东集团虽然开展金融业务时间晚，未能像蚂蚁金服拿到证券、保险等核心牌照，但通过自身努力也拿到了不少商业牌照，这为京东自身开展供应链金融提供了先决条件；第二，随着京东商城自营范围不断扩大，交易额也猛增，京东的供应商的融资需求缺口越来越大，同时京东逐步放开第三方卖

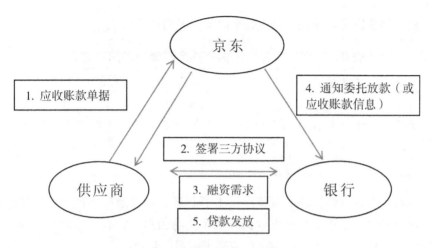

图3 供应链金融三方关系

家入驻京东平台，而第三方卖家也存在巨量的融资需求。为了解决京东生态体系内巨大的融资需求，京东意识到依靠传统信贷是无法解决的，京东必须自己开展以自有资金为模式的线上供应链金融。

2013年12月，"京保贝"推出，它标志着京东正式进入供应链金融的2.0版本：以自有资金为模式。随后，京东又相继推出京小贷、动产融资，至此，京东供应链金融成功打造了完整的金融服务链，极大地增强了第三方卖家和自营供应商的黏性。截至2017年年底，京东金融的交易额中，供应链金融交易额达到了1365亿元，为京东金融带来的利息收入为15亿元，整体逾期率远远低于传统的供应链金融模式，不到2%。[①]

3.2 京东供应链金融产品线分析

3.2.1 京保贝

京保贝授信对象是京东体系内的自营供应商，贷款模式是供应商的应收账款保理，每年平均利息为9%。京保贝的运作模式具体表现为：①京东商城向供应商采购商品，形成应收账款。②供应商若有融资需求，可以提交资料在京保贝上申请贷款，京保贝根据交易信息审批供应商的贷款申请，审批通过后就会在额度内对供应商放款。③供应商对京东商城形成的应收账款就是其还款来

---

① 数据来源：新浪财经。

源。表6为京保贝对外输出供应链金融能力的解决方案。

表6 京保贝对外输出供应链金融能力的解决方案[①]

平台搭建	数据处理	风控建模	高能账户	资金支持	资产处置
融合多种金融工具搭建线上金融服务平台	全方位梳理整合贸易流、资金流、信息流	标准化输出动态模型及精准策略引擎	多功能线上账户体系实时掌握资金流向	资金流持续注入加速供应商高效运转	多元化模式处理量级资产整体优化财务结构

不难看出,京保贝的显著特点是中等利息、高渗透率和低风险,它的风口得以保障是源于京东平台的大数据和真实交易信息,它有效地解决了京东平台供应商的融资问题,同时也为京东带来了可观的利息收入。

3.2.2 京小贷

如果说京保贝解决的是京东自营供应商的融资难问题,那么京小贷专门解决的则是入驻京东平台的第三方卖家的融资难问题,所以我们在一定程度上可以说京东的供应链金融是实体经济的孵化器,在一定程度上解决了小型微利企业的融资问题。2014年10月,京小贷正式推出,它的目标用户是在工商局注册满一年,并且在京东商城开店铺大于等于3个月的京东平台第三方卖家,贷款额度由京东金融根据其店铺情况来核定。

京小贷分为两种:信用贷和订单贷。信用贷是指京东金融根据第三方卖家交易信息历史数据对其进行的信用贷款,而订单贷是京东金融基于第三方卖家的在途订单而对其进行的贷款。京小贷的利息率较京保贝高不少,大概每年12%~18%,风控手段是基于用户画像及历史交易经营大数据分析和货物质押,单笔额度最高200万元。总的来说,京小贷的特点是高利息、低渗透率和高风险。截至2018年年末,京小贷累计为超过5万家店铺开通了贷款资格。[②]

3.3.3 动产融资

2016年9月,京东推出了动产融资业务,它的目标用户除了其自营供应商和第三方卖家外,还面向其他所有的企业。动产融资是指企业以其自有的动产作为质押,就可以向京东申请贷款。

---

① 资料来源:京东金融官网。
② 数据来源:电子商务研究中心。

动产融资非常灵活，额度也还可以，大约在 100 万～1000 万人民币之间。它只需要提供企业法人信息以及销售产品的授权证明，京东金融大约会审批 6 个工作日，若需要补齐资料，会随时告知，审批通过后，30 分钟内就会把贷款发放给企业。动产融资流程，见图 4。

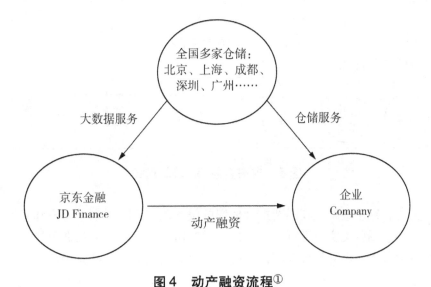

图 4　动产融资流程①

4　战略转型与未来

4.1　全新定位：B2B2C 模式

随着金融行业监管趋严，京东金融已经明确要逐渐改变定位：从原来的直接服务用户（包括个人和企业），转变为向各类企业、金融机构和城市等提供技术支持和服务，重心从原来的 C 端转向 B 端和 C 端双管齐下，两头发力。京东金融 B2B2C 模式，见图 5。

京东金融始终以开放的心态为各类社会主体提供金融科技服务，截至 2018 年年底，京东金融服务了几百家的信托机构、评级机构和证券公司，以及 120

---

① 资料来源：京东金融官网。

多家保险公司和 400 多家银行。[①] 可以说，京东金融是互联网金融行业领域内第一家和中国本土四类银行都有合作关系的金融科技公司。

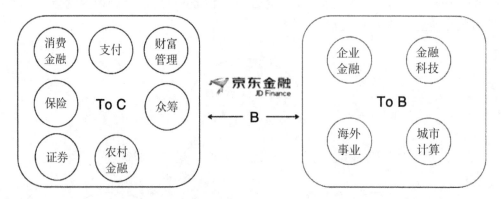

图 5　京东金融 B2B2C 模式[②]

另外，京东金融还在不断扩大他们的服务范围，除了个人用户和各类金融机构，还包括各类实体经济企业，公司旨在用人工智能和大数据等科技赋能优势为社会服务，以降低成本和提高社会效率，为推动数字社会的发展贡献自己的力量。

京东金融的 CEO 陈生强最近一年说得最多的一句话就是：用科技解决金融的问题，再把金融的业务还给金融机构。2018 年 5 月，京东金融进行了一次重大的组织结构调整，明确将公司分为 To C 和 To B 两个业务组。两个业务组功能分工明确，我们相信在未来，他们一定能各司其职，为 C 端和 B 端提供更好和更优质的服务。

4.2　"数据 + 技术"驱动，迎接广阔蓝海

实际上，京东金融的"技术"基因从一开始成立就有很深刻的渊源。我们常常习惯于把京东金融和蚂蚁金服做比较，或许这种比较一开始就是错的。京东金融一开始就不想做互联网金融领域的王者，从京东金融一系列版图扩张和战略升级的举动来看，他们的目标似乎是为各行各业提供服务，包括金融机构，也包括企业，甚至包括政府和公共机构。陈生强在一次演讲中也提道：金融科技的商业模式，就是为金融机构服务，而不是自己去做金融业务。他们似乎寻

---

① 数据来源：新浪财经。
② 资料来源：新浪网。

求的不是对传统金融行业的颠覆,而是寻求金融行业与金融科技的深度融合,寻求金融行业和自身的共生共赢。或许,这样才能走得更远更久。2017年和2018年京东金融数据科技对外输出一览,见表7。

表7 2017年和2018年京东金融数据科技对外输出一览①

日期	数据技术	输出对象	运用领域
2017年1月	大数据、人工智能、云计算	中国银联	用户运营、智能风控、产品服务创新、流程优化
2017年7月	大数据、金融云	山东省城市商业银行合作联盟	金融创新、数据风控、智能运营投融资平台
2017年8月	金融技术、财富管理能力	兴业银行	联合推出兴业银行京东金融小金卡
2017年9月	支付技术	泰国尚泰集团有限公司	初期将以支付业务为核心,未来或将业务拓展至消费金融、供应链金融、保险、理财等多个领域
2017年9月	大数据、风控技术、海量数据、处理技术	江苏银行	风险管理、客户运营、精准营销、场景拓展
2017年11月	区块链技术、AI技术、人脸识别	工商银行	零售银行、消费金融、企业信贷、校园生态、资产管理、个人联名账户
2017年12月	大数据、身份识别和适当性管理	山西证券	金融服务推广、金融平台业务接入、精准扶贫
2018年5月	大数据、人工智能、风控技术	中国科学院自动化研究所	成立"智能金融风控联合实验室"

我们不难看出,海量数据和科技赋能已经成为京东的核心竞争力。自2017年以来,京东金融的数据和技术输出能力明显加速。可以看出,京东金融从成立到现在,一直都坚持不忘初心,坚持技术输出,站在更高的维度上来发展自己,坚持用技术实现数据化和场景化的科技转型,搭建一个开放的平台帮助整个行业的成长和提升行业效率,同时也让自己的各类科技产品在各行各业中站稳了脚跟,提升了自己的品牌影响力。我们有理由相信,在"数据+科技"驱动的两大抓手下,未来京东金融的发展会远远超出我们的想象。

---

① 资料来源:京东金融官网、新浪网。

芝麻信用：互联网个人征信时代领头羊

我国的个人征信体系起步时间很晚，相比较美国和欧洲各国落后较多。在互联网金融未繁荣起来的早期，我们国家在中国人民银行的个人信用信息库之上，建立了以央行为中心的征信系统。西方各国与我国相反，他们的征信系统是以市场为基础。相比公共征信，市场化征信具备很多的优势：第一，信用数据来源更加广泛，覆盖面也更为全面；第二，应用范围也更为广泛；第三，可以根据市场需求以及竞争产生不同类型的信用产品。

央行征信系统最重要的数据来源于商业银行的信贷记录，互联网金融的快速发展带动小微贷款的繁荣，这对我国的个人征信系统提出了新的要求，以中国人民银行为中心的公共征信体系已不能满足市场的需求。2015年1月，中国人民银行印发《关于做好个人征信业务准备工作的通知》，要求芝麻信用、腾讯征信等八家机构做好个人征信业务的准备工作，这象征着个人征信市场化的大幕由此拉开。报告发布不久，芝麻信用便首当其冲上线了芝麻信用，为用户的个人信用状况进行打分。芝麻信用基于阿里巴巴电商以及金融平台积累的用户数据，结合人工智能、云计算为用户的信用状况进行评级，并利用阿里巴巴电商平台与第三方支付平台支付宝引流拓展自身在消费金融领域的应用；同时，通过展开与外部机构的合作创新地将个人信用应用到（如租车、租房、婚恋、医疗等）各类生活场景中，让用户享受信用带来的便利。芝麻信用正在一步一步渗透个人生活以及金融领域。

芝麻信用：互联网个人征信时代领头羊

1 芝麻信用崛起之路

1.1 打造电商信用社区，不断壮大的信用数据库

阿里巴巴集团成立于1999年，成立之初是以阿里巴巴网站为中心的企业对企业（B2B）电子商务平台，其宗旨是为中小贸易企业提供交易平台，之后阿里巴巴也迅速成为领先世界的批发贸易平台。早期的阿里巴巴网站上各类企业鱼龙混杂，如何解决商家与商家之间的信任问题，打造健康的电商信用社区成为阿里巴巴的当务之急。于是在2000年阿里巴巴开始推出了诚信通，商家在诚信通上建立自己的信用档案，经过认证的企业能够获得阿里巴巴提供的销售推广等服务。商家之间有合作意向的时候可以查看对方信用认证档案，诚信通档案包含的资料有客户信用评价、获奖情况乃至法院判决。诚信是商业之本，也是阿里巴巴不断壮大自己要解决的首要问题，诚信通的推出很好地解决了这个问题。2001年12月，阿里巴巴注册用户数不断攀升，突破了100万大关。随着阿里巴巴交易量不断地提高，诚信通指数应运而生。诚信通指数是基于商家在诚信通档案上的信用状况而生成信用评价指标，为阿里巴巴会员企业的信用状况进行评分，诚信通指数为企业之间的贸易建立起了良好的生态环境，企业之间的信任度大大提高。诚信通将平台上企业的交易行为记录下来，从而确保了诚信通的数据可靠性。不难看出诚信通在某种意义上是服务电商的"芝麻信用"，是"芝麻信用"的某种雏形，只是在应用场景和底层技术的实现上有所不同。诚信通档案建立的信用数据之后成为阿里巴巴大数据库中重要的一部分，为阿里巴巴开展金融业务征信奠定了基础。

2003年5月，阿里巴巴个人对个人（C2C）电子商务平台在淘宝建立，淘宝的成立是阿里巴巴电商发展史上一个新的里程碑。第二年，服务于淘宝交易的第三方支付平台支付宝成立。在支付宝的支援下，淘宝开始了飞速发展的模式，成为如今深受大众喜爱的网上购物平台，支付宝也成为最大的网络第三方支付机构之一。淘宝成立之后飞速发展，2005年成交额就突破80亿，成为亚洲第一大电子商务平台。淘宝逐渐成为大众生活中不可缺少的一个构成要素，几乎人人都在淘宝上购物。根据2014年的报告显示，淘宝、天猫等阿里系的电子商务平台占据了移动购物市场86.2%的份额（见图1），成为国内无人可敌的电商巨头。在阿里巴巴电商平台不断创造辉煌的背后是不断累积的电商数据库，

通过淘宝的交易和第三方支付机构的支付记录，阿里巴巴记录商家交易额、商品活跃度、用户满意度以及个人消费记录、转账记录、水电费缴纳等等，这些海量的数据成为阿里巴巴大数据的源泉，也成为阿里巴巴跨界金融最有利的武器。

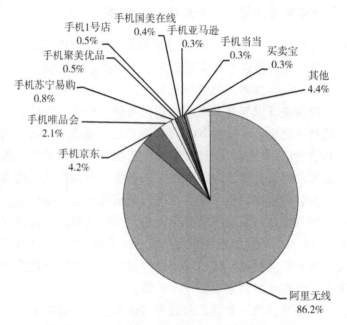

图1 2014年中国移动购物市场的企业份额

1.2 电商跨界金融，开启小微企业贷款大门

阿里巴巴从成立之初开始就是要服务于我国中小型企业，在为中小型企业打造了电商交易平台之后，阿里巴巴开始利用自己的数据优势为小微企业开启了贷款之路。

2003年，服务于阿里巴巴电商平台的第三方支付平台——支付宝诞生了。支付宝的推出是阿里巴巴发展史上新的里程碑，为阿里巴巴提供了独立于银行之外的资金库，成了阿里巴巴跨界金融的基石。同时，阿里巴巴电商平台的飞速发展，使得其累积的海量用户和商家数据成为阿里跨界金融的核心竞争力。阿里巴巴将自己的数据征信资源分享给银行，银行在贷款过程中减少了自己搜集信息的成本，自此阿里巴巴与银行的合作便展开了。阿里巴巴先是在2007年5月与中国建设银行合作推出包括"个人助业贷款"和"速贷通"的企业贷款服务，基于阿里巴巴电商平台的信用表现，为阿里巴巴平台上信用程度良好的商家提供贷款。阿里巴巴会员企业只需填写相关材料申请，符合一定要求，阿里巴巴便会向建行推荐。同年6月，阿里巴巴又与中国工商银行开始了战略合作，阿里巴巴为工行提供其各大交易平台上的商家的交易数据，工行根据这些数据对这些企业进行信用评级，以此依据为他们提供贷款服务。此次阿里巴巴与银行的合作，无疑为大量中小型企业带来利益，同时对于阿里巴巴与银行也是一次双赢的合作，阿里巴巴通过分享数据资源获利，平台上企业获得贷款又壮大了阿里巴巴电商平台，而银行则利用阿里巴巴的数据资源降低了自身贷款成本，提高了金融业务的效率。但是阿里巴巴在此次合作中也付出了巨大的技术成本，它必须在大量数据当中通过建模，提炼出贷款风险评估数据，其建模过程复杂且工程量巨大。于是在技术成本压力下，阿里巴巴想要在银行利息中分得一杯羹，但是并未与银行达成一致。此外，银行与阿里巴巴双方的贷款理念也存在差异，本次双方的合作中虽然针对的是中小型企业，但是银行的贷款平均金额也在200万元左右，而这与阿里巴巴想要打造的小微企业的贷款额度存在出入，于是在2010年，阿里巴巴与工行、建行的合作终止了。虽然此次的合作由于双方未达成一致而终止，但是阿里巴巴通过与银行的合作，对金融业务的流程以及风控积累了经验，于是阿里巴巴开始开展独立的金融业务并成立了网络银行部。

与银行合作破裂之后，阿里巴巴获得了小额信贷牌照。2010年，阿里小贷成立，小微企业的贷款业务先是在杭州和重庆展开，满足两地企业临时的资金需求。阿里巴巴在贷款业务办理过程中，为了提升贷款的安全性，会对贷款企业进行实地勘察，这也使得阿里巴巴小微企业贷款业务早期只局限在苏浙沪一带。直到2013年，阿里小贷的业务开始在广州开展，为广州的会员企业提供贷款服务。据报告，2013年第一季度阿里小贷新增获贷企业超过2.5万家；单季完成贷款笔数超过110万笔，同比上年第一季度的69万笔增幅超过50%；新增的120亿元贷款，平均单笔贷款约11000元[①]。截至第一季度末，其累计服务小微企业已经超过25万家。可以看出，阿里小贷的业务针对的是阿里巴巴平台的小微企业，并未涉及针对消费者的消费信贷。

1.3 个人征信时代，芝麻信用应运而生

阿里小贷的建立打开了小微企业贷款的大门，而阿里巴巴在跨界金融的战

---

① 数据来源：《2013年第一季度电商微企融资报告》。

略部署上并不仅仅局限于小微企业，还有阿里巴巴电商平台海量的个人用户。阿里巴巴电商平台的飞速发展不仅积累了商家交易记录、经营状况等数据，还累积了海量用户的个人资料、消费记录等数据，这成为阿里巴巴开启个人征信、消费信贷的基础。2013 年，阿里金融开始进入信用支付领域。支付宝和淘宝以及天猫推出阿里信用支付，消费者无须在天猫或者淘宝消费时绑定储蓄卡或者信用卡，就能享受最高 5000 元的消费额度。这种业务模式被称为"虚拟信用卡"，阿里信用根据手中记录的消费者购买记录、基本信息等数据，通过数据分析给予消费者信用额度，信用额度由 1 元到 5000 元不等。阿里信用卡付款的推出并未受到银行的挤压。很大部分的原因在于阿里信用支付并未触及银行的利益，而是作为银行信用支付的补充。但是阿里巴巴海量用户颇有积小流成江海之势，基于其庞大的用户量，阿里信用支付迅速崛起，大量消费信用数据在这个过程中不断累积，成为阿里金融的核心竞争力。

阿里金融的不断壮大使其开始不断深入传统金融的核心领域，2014 年蚂蚁金服成立，正式开始涉足金融领域。互联网金融的繁荣，意味着传统的金融模式已经不能适应社会需求。2015 年，央行发布了《关于做好个人征信业务准备工作的通知》，要求八家互联网征信机构做好个人征信业务的准备工作，芝麻信用应运而生，正式开始个人征信之路。在八家机构中，芝麻信用率先做出表率，推出了芝麻信用评分。同年，芝麻信贷和蚂蚁微贷款推出消费信贷产品蚂蚁花呗，并与招联消费金融有限公司合作推出小额贷款产品，后来又与蚂蚁微贷一起推出了蚂蚁借呗。这些合作将芝麻信用逐渐引入阿里巴巴打造的金融场景中。与此同时，芝麻信用还逐渐渗透进各类生活领域，首先与神州专车租车合作，为用户提供免押租车服务；之后又与阿里旅行合作，为用户提供新加坡免签服务；而后又联合高级人民法院惩治老赖。2017 年，借助共享经济的东风，芝麻信用与 ofo 合作，为用户提供免押金用车服务。如今芝麻信用几乎已经多方位覆盖各类生活场景。未来，芝麻信用还会与更多金融机构合作，推出更多的金融创新产品，同时不断扩大其在生活场景中的应用。

2 芝麻信用的引流与应用

2.1 电商与支付宝引流

2015 年 1 月，芝麻信用分正式上线后，在支付宝软件中，用户可以查看自己的芝麻信用评分。芝麻信用在支付宝客户端上线，是基于阿里巴巴电商与支付宝巨大的流量，利用引流作用为芝麻信用导流。根据 2015 年阿里巴巴第一季度业绩报告显示，阿里巴巴电商平台活跃买家数量已经达到 3.5 亿[①]，在整个 2014 年间保持强劲的增长趋势。根据艾媒网年度活跃 App 报告显示，2015 年，淘宝排在微信与 QQ 之后，成为国内年度活跃用户量第三的 App。阿里巴巴电商平台与其成立以来积累的巨大的用户量以及用户数据是阿里跨界金融的核心竞争力。阿里巴巴官方曾表示，阿里巴巴做小微金融的目的不是为了做金融，而是想打造信用体系。芝麻信用的建立验证了这句话的真实性，而如何将其庞大的用户群体导到芝麻信用体系当中，是其在全国个人征信市场中占领先机的关键。时任阿里巴巴董事长马云说过："信用就是财富。"芝麻信用与支付宝合作在支付宝财富栏上线芝麻信用分是导流的第一步。芝麻信用分上线引发了朋友圈晒分的热潮，一度在网上成为热议，这为芝麻信用开拓应用场景做好了准备。

2.2　内外拓展金融场景

2.2.1　消费信贷

芝麻信用在上线不久后，花呗根据用户的芝麻信用分提供不同额度的消费信贷，同时不收取信贷手续费，但是消费仅限于阿里巴巴电商平台淘宝和天猫，用户使用花呗之后的每个月 10 号开始分期还款。同年，蚂蚁金服又推出了个人信贷产品——借呗，用户可以根据自己需求在借款后一年内随时还款，与花呗不同，借呗不限制使用场景，因此使用场景不局限于阿里巴巴电商平台。用户凭借芝麻信用分在借呗办理借款时无须提供复杂的个人财产证明等相关资料，只需要芝麻信用分就能快速地完成贷款。

芝麻信用除了支撑蚂蚁金服在消费信贷领域的发展，还与蚂蚁保险合作推出"相互保"，芝麻信用分在 650 分以上的用户可以免费申请加入相互保[②]。相互保的运作模式就是参加相互保的用户彼此分摊各自的医疗理赔费用，意思就是用户在别人患病理赔的时候要分摊其理赔费用，而自己患病时领取的医疗保障金由其他参保用户分摊。目前相互保涉及的疾病保障范围很广阔，涵盖了恶性肿瘤和 99 种大病类型，和普通保险保障的范围一致。获得理赔的方式也很简单，只要疾病在相互保保障的 100 种重症疾病范围内，用户凭借二级以上公立

---

① 数据来源：《2015 年阿里巴巴第一季度业绩报告》。
② 2018 年 11 月 27 日起，相互保升级为相互宝。

医院开具的诊断说明书及要求的材料，就可以在线上发起理赔。由于相互保扣费时通过支付宝自动扣费完成，据计算，目前每个参保人员每月的分摊金额不会超过 0.1 元。相互保开创了一种全新的保险模式，蚂蚁金服利用了自己巨大的用户量，大大降低普通大众的参保成本，同时让保险回归最初的本源。

2.2.2 外部金融场景应用

芝麻信用在与同属蚂蚁金服旗下的花呗合作的同时，还与招联金融的"好期贷"合作推出消费金融贷款。"好期贷"规定芝麻信用额度为 700 分或以上的用户可以申请消费贷款，贷款金额最高达到 10000 元。

此外，芝麻信用还与其他互联网金融机构合作，芝麻信用在挑选合作机构时十分谨慎，只选择与具备一定实力、达到一定规模同时具备强大背景的 P2P 合作。玖富在央行、银监会、社科院联合发布 P2P 网贷行业评级中位居第三，其与芝麻信用展开合作，将芝麻信用分引入自己的贷款系统中，作为自己放贷的筛选条件之一；同时，用户在玖富的信用表现也会反应在芝麻信用中，双向的反馈一方面帮助玖富降低贷款风险。对芝麻信用而言，双方的合作有助于拓展应用场景，丰富自身数据来源。双方还将就反欺诈和风险名单进行深入合作。除了与玖富合作外，芝麻信用还与金融搜索平台融 360 建立了数据战略合作。融 360 将利用芝麻信用分计算贷款金额，同时结合自己的大数据处理系统，完全在线化小额贷款，让小额贷款用户能在线借款，并且无须提交烦琐的个人身份认证以及财力认证的材料。

2.3 与外部应用合作渗透生活场景

芝麻信用从上线之初是从生活场景出发推广其应用的，芝麻信用从本身来说就是一个金融性很强的东西，对于其在金融场景的应用，阿里巴巴官方并未有过多的担忧，而如何将芝麻信用应用到如租车、租房等生活场景中才是真正的考验。阿里信用在金融场景的应用从之前蚂蚁金服集团的小贷、微贷业务积累了不少的经验，因此芝麻信用上线后在金融场景应用都是水到渠成的，而如何将信用渗透到生活场景成了关键。

2.3.1 与各类应用合作

芝麻信用在生活场景的应用主要是跟其他应用的合作，逐步渗透到各个场景中。上线之初，就与互联网租车"头牌"神州租车达成合作，芝麻信用在 650 分以上的用户，可以在神州租车平台免押金租车，为芝麻信用在免押金服务领域的应用打开了大门。此后,芝麻信用还与永安自行车合作。

除了在免押金场景的应用,芝麻信用还创新性地推出了一些探索活动。芝麻信用于6月6日上线,芝麻信用和华润万家Vango便利店合作开展无人超市信用测试,这也是芝麻信用额度的第一个"6.6信用日"。此次测试在北京和杭州的两家便利店进行,顾客在便利店购买东西时,店内没有店员,由顾客自助付款,是否付款和付款多少由顾客自己决定。测试结束后,华润万家的Vango便利店对当天的营业额进行盘点,结果显示当天便利店卖出商品的金额是1.67万元,总共收到的付款额是1.37万元,两者之间仅仅相差了3000元,付款率达到82%。① 此次无人超市的测试足以证明了现在人们对于信用的重视,也是芝麻信用一次大胆的尝试,此后每年6月6日就为芝麻信用的"信用日"。在2016年,芝麻信用携手杭州打造信用之城,做出了"信用+城市"模式的探索,杭州市民可以通过芝麻信用在线查看他们的信用记录,信用记录达标的市民能享受免押金住酒店、租房等服务。

在出行方面,芝麻信用与阿里旅行合作,芝麻信用分达到一定程度可以免签旅游。在住宿上,芝麻信用与我爱我家旗下租房品牌"相寓"合作,根据用户芝麻信用分不同,提供不同程度的免押金服务和房租月付服务,用户最高可享受押0付1。此外,芝麻信用还开拓了医疗场景。

2.3.2 借助共享经济东风

共享单车的兴起带来了国内共享经济的高潮,在全国各大城市,都覆盖了共享单车。2017年3月16日,共享单车ofo宣布与芝麻信用开始战略合作,正式开始为用户提供免押金服务。与ofo的合作并不是芝麻信用与共享单车首次合作,早在之前,芝麻信用就与永安自行车合作过,但是与ofo的合作无疑是芝麻信用对信用生活的大规模渗透,根据2017年4月芝麻信用发布的报告显示,全国381个城市、近2000万用户享受了免押金使用共享单车的服务,免除押金的总额高达150亿元,相比于之前租衣、租车、租房、办签证等场景,免押金使用共享单车用户规模更大、使用频率更高、实用性更强。通过此次合作,芝麻信用不单单是完成了一次大规模的引流,成为共享经济浪潮中的一大赢家,也为其打造信用城市迈出一大步。芝麻信用的引流与应用,见图2。

---

① 数据来源:芝麻信用官方。

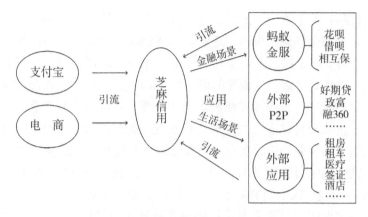

图2　芝麻信用的引流与应用

3　芝麻信用的运作模式与优势

3.1　芝麻信用运作模式

3.1.1　基于大数据、云计算建立互联网个人信用数据库

传统征信机构的信用数据多来源于用户的信贷行为，而芝麻信用评分的数据来源并不只局限于金融行为，其更加具有广泛性、多层次性、多样性。大数据、云计算的技术支持，保证了处理数据的全面性和高效性，芝麻信用的数据来源有以下几种（详见图3）。

（1）阿里巴巴的电商数据。阿里巴巴起源于电商，随着其电商平台不断壮大，旗下电商平台已变得多种多样，累积了天猫、淘宝、聚划算、菜鸟网络等超过三亿用户的基本信息和消费数据。

（2）蚂蚁金服公司的网络金融数据。蚂蚁金服起源于阿里巴巴第三方支付平台支付宝，电商交易的壮大使得支付宝累积了大量的交易数据，阿里跨界金融发展累积大量用户和小微企业信用数据。

（3）与阿里巴巴集团具有合作关系的其他公共机构供给的数据。芝麻信用与银行合作过程当中获得了大量银行系统的数据；同时，诸多公共机构如公安、法院也为芝麻信用提供信息。在金融场景和生活场景的开拓中，芝麻信用与合作的互联网企业实现了数据共享，拓宽了芝麻信用网络数据的广度以及深度。

芝麻信用：互联网个人征信时代领头羊

（4）用户自主信息提交渠道。随着芝麻信用在各种场景中的渗透，人们对芝麻信用的重视程度不断地提高，用户也会自动提供个人信息，使自己信用等级提高，以享用更多的服务。

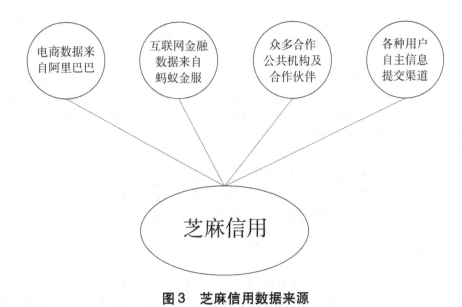

图3　芝麻信用数据来源

3.2.2　以芝麻信用分提供个人信用评分服务

芝麻信用上线之后便推出了"芝麻信用分"，为用户信用评级，成为我国第一个个人信用评分系统。芝麻信用的评分是通过计算机运用多个维度的因素和数据进行复杂的计算而得出的。芝麻信用对个人信用采取直观的评分方式是参考美国FICO评分，FICO评分是由Fair Isaac公司开发的目前美国应用最广泛的信用评分系统，其模型数据信息超过100万来源，分数范围是300～850分，而芝麻信用的评分范围是300～950分，分数越高，说明客户的信用风险越小，同时芝麻信用分将分数划分为5个不同的区间来表达信用状况，根据评分范围分为不佳、中等、良好、优秀和极好，详见表1。表2为芝麻信用分与FICO评分对比。

表1　芝麻信用分对应信用等级

得分区间	350～550	550～600	600～650	650～700	700～950
信用程度	不佳	中等	良好	优秀	极好

117

表 2　芝麻信用分与 FICO 评分对比

	芝麻信用分	FICO 评分
评分区间	350～950 分	300～850 分
评分维度	5 个，包括信用历史、行为偏好、履约能力、身份特质、人际关系	5 个，包括信用偿还历史、信用账户数、信用使用年限、正在使用的信用类型、新开立的信用账户
评分等级	由低到高划分 5 级：不佳（350～550）、中等（550～600）、良好（600～650）、优秀（650～700）、极好（700～950）	不具体划分等级，一般而言，680 分以上代表信用状况卓著，620 分以下代表信用状况极差，620～680 之间，信用状况还需做进一步核查
应用领域	目前在与芝麻信用开展合作的商户以及部分个人消费金融领域中应用	评分结果被美国三大个人征信机构采用，广泛应用于金融、通信、公共服务、日常生活等领域

3.3.3　通过线上线下合作的方式推广芝麻信用评分

芝麻信用在上线之后首先就开始拓展自己在生活场景中的应用，与外部应用合作推广芝麻信用分的使用，在租赁场景中，芝麻信用分达到一定程度的用户可享受免押金服务。现在芝麻信用的免押服务已经渗透到了不同场景，如酒店住宿、租房、租充电宝、租衣等。除此之外，芝麻信用还渗透了医疗、婚恋等场景，芝麻信用在生活领域的应用大大推广了人们对芝麻信用的使用。除了在生活领域的拓展，芝麻信用在金融领域也不断发力，首先依托蚂蚁金服平台，开拓消费信贷市场，先后推出了花呗与借呗，同时还与外部有实力的 P2P 公司合作，如与好期贷、玖富等推出消费信贷服务。

3.2　弥补传统征信的不足

3.2.1　拓宽数据源

传统征信的数据的来源主要是金融与公共机构提供的个人信息、信贷记录等数据，其数据来源十分单一，无法完全反映个人的信用状况，在互联网发达的时代，人们的网络行为也应该记录在个人信用档案中，而芝麻信用基于阿里巴巴强大的数据库，使得反映用户信用的数据更加完善。芝麻信用囊括了大约 3 亿用户的实名信息，200 多万小微企业贷款信息和千万个人用户消费信贷信息，除了这些传统的金融数据外，芝麻信用还有关于个人的资金往来如支付宝转账、支付、理财等数据；同时，还有个人缴费信息，比如水电费缴纳；还涵盖了租车、租房、购票、社交等一系列的数据，以及由这些数据衍生出的与用户稳定性相关的数据，比如通过租房信息判断用户居住地点是否稳定等。总之，用户在互联网上的行为都会被记录。

3.2.2 更广的群体覆盖面

传统征信的数据来源主要是信贷数据，因此其群体覆盖面也局限于有信贷记录的人群，传统金融的机构由于搜集信息成本高，无法满足小额贷款的需求，部分群体如学生、蓝领阶层、个体户、自由职业者等并没有信用数据。2015年，我国拥有网民数量是6.88亿，芝麻信用将网民的网络行为记录在个人征信中，覆盖了大量群体。

3.2.3 提升信用时效性

保持信用的时效性才能保证其有效性，互联网技术的发展为保证信用时效性提供了途径。芝麻信用的信用评价指标中包含了动态指标，如消费偏好类、人际关系类、黑名单信息等，这些指标使得信用的评估结果得到实时的更新，不再是孤立和保持不变的。此外，芝麻信用丰富的应用场景拓宽了信用的评估维度，使得用户行为不断反馈到其个人信用评估中。

3.2.4 丰富应用场景

丰富的应用场景是芝麻信用区别于传统征信的一大特点，信用在以前的应用中其金融属性是毋庸置疑的，但是随着信用市场的不断壮大，信用也应该接入到生活场景中。芝麻信用利用阿里巴巴强大的互联网平台，拓展了自身在消费信贷上的应用，同时通过线上线下合作的模式与外部应用对接，目前已渗透到出行、住宿、婚恋、医疗等各类生活领域。无论是在金融还是生活领域的渗透，越来越多的用户开始享用信用带来的便利。随着芝麻信用在各类场景中的不断渗透，自身的数据会不断丰富以此推动芝麻信用更广泛、更多层次、更具深度的应用。

3.3 与腾讯征信比较

腾讯与阿里巴巴两个互联网巨头，都拥有自己强大的数据库，腾讯征信未能像芝麻信用一样抢先进入市场，未能抓住先发优势。腾讯征信在上线时间上落后于芝麻信用，芝麻信用于2015年1月上线，而直到2017年8月，在腾讯无现金日之前,腾讯才开启了个人信用分查询,查询渠道内嵌于腾讯的社交平台QQ,不过该服务只限于QQ超级会员,而后在芝麻信用的步步紧逼下,2018年1月,腾讯才正式上线腾讯征信,而此时的芝麻信用早就已经渗透到住宿、出行、消费、贷款在内的多领域,而腾讯征信仅仅上线一天便全面下线,官方给予的说法是"系统升级",也有说法是腾讯征信涉及侵犯个人隐私,因此才被紧急叫停。

从数据来源的维度来看,腾讯征信最大的数据来源是其社交数据,但是用户的社交数据是必须用户授权后才能查看的,腾讯选取用户社交数据用于信用评估涉及个人信息隐私安全问题,存在一定的争议。而芝麻信用的数据最大来源是其庞大的电商数据,加上蚂蚁金服提供的金融数据,因此腾讯征信从数据的采集深度就远远不如芝麻信用,评分的可信度无疑也低于芝麻信用。

腾讯征信在应用场景上也尝试突破,通过微信程序引进了大量电商打造消费平台的同时,还带来了共享租赁、酒店、出行等应用。腾讯征信一直以来比较大的缺陷就是缺乏消费场景,通过小程序拓展消费场景,同时衍生了分期付款、贷款等消费需求,有助于其开展征信之路,但是开拓场景对腾讯来说不是难事,难在数据的积累,阿里巴巴的海量数据是通过十几年不断积累来的。这是作为后发者的腾讯征信短期内无法超越的,因此腾讯短期内想超赶芝麻信用是较为困难的。

4 瓶颈与展望

4.1 数据库仍有待完善

尽管芝麻信用的数据来源有引入外部机构的数据,但一般局限于合作机构,因而芝麻信用的数据并没有跳脱阿里系本身,数据维度上并不完善。阿里巴巴通过电商平台的发展累积了大量数据,跨界金融之后累积了大量互联网金融数据,由于阿里巴巴本身的业务限制,芝麻信用的数据来源未能覆盖领域还很多,如社交、游戏。同时,如果用户并不使用淘宝、支付宝,就很难采集其信用数据。随着互联网产品不断创新,用户非结构性数据的重要性日益凸显。非结构性数据就是用户在互联网行为中产生的与信用弱关联的数据,如图片、音频、视频等,而目前的技术对于处理这部分非结构数据显得比较稚嫩,如何处理这部分数据与信用的关联是芝麻信用以后要面临的挑战,如果仅依靠其电商数据和金融数据，芝麻信用很容易陷入数据匮乏的境地。

芝麻信用并未做到与公共机构以及其他互联网 P2P 完全共享数据，芝麻信用的数据外部来源是很局限的，目前还未与央行征信系统对接。芝麻信用目前接入的公共机构的数据有工商、学历、学籍、公安四个方面的数据，但是由于我国的政务信息未完全公开，所以芝麻信用无法获取税务、海关等公共机构的数据。除了以上公共机构数据无法对接之外，我国市场还有大量的互联网金融机构，由于芝麻信用还处在初期阶段，很多互联网金融平台的数据没有与芝麻信用对接，一方面是因为对芝麻信用本身评分系统的质疑，还有一部分是出于竞争关系对自身数据的保护，还有一个原因是芝麻信用本身对于合作机构的要求也比较高，目前与芝麻信用对接的 P2P 平台不到 10 家。

4.2 国家法规不健全，行业缺乏规范

我国的个人征信尚处于起步阶段，在央行发布个人征信报告之后，至今并未对任何一家机构正式发放征信牌照，其中的原因就是各大征信机构都基于自己的平台开展征信，导致各自的征信数据覆盖面具有局限性。另外，几家个人征信机构在征信领域上都还不够成熟，而且各自背后依托的企业集团不具备第三方征信的独立性。

在个人信息保护方面，征信采集的数据涉及个人隐私。芝麻信用在处理个人数据时做好用户隐私的保护是困难的，因为个人信息与大数据的界限存在很高的模糊性。在授权芝麻信用上，目前只需要手机登录支付宝点击芝麻信用授权即可查看个人"芝麻信用分"，并未对本人的身份进行识别，授权操作是否本人所为就不得而知，极容易存在伪造的行为，因而信息的安全级别很低，存在很大的风险。

4.3 打造信用城市

让全国人民享受信用带来的便利，打造信用城市是芝麻信用的终极目的。芝麻信用将个人信用接入生活场景来推动信用城市的建设，在租车、租房、出行、医疗、婚恋等日常生活场景中我们已经享受到信用便利，但是这些还只是开始，芝麻信用需要连接更多我们的生活场景。最终"先付后享"将成为信用的标配，我们设想一下在将来，无论是购物、出行购票、水电费缴纳，我们都能基于个人信用的身份识别，享受先使用后付费，支付这一行为将从我们生活中淡去，而消灭支付将会是信用。在信用社会中，数据的流通渠道将会打通，真正地做到数据共享；同时，信用评价体系是完善的，人人都将拥有信用记录，

信用成为我们重视的一大财富；信用的便利渗透到我们生活的方方面面，我们可依靠自己的信用财富购买这些便利。详见图4。

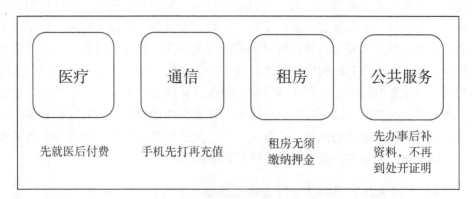

图4　信用城市

共享单车的盛宴与困局——来自 ofo 的启示[①]

随着我国经济发展进入新常态以及移动互联网的快速发展，社会资源出现过剩和闲置现象，作为互联网下的"新经济""新商业"形态——共享经济，越来越被广大创业者所追捧。共享经济是指暂时性地让渡某一物品或服务的使用权以获取一定程度的回报或经济收益的一种新型的经济模式，它自身具有"三低三高"优势——低成本、低门槛、低污染以及高效率、高体验、高可信，某种程度上契合了当前提出的"供给侧改革"要求。目前，我国共享经济发展模式现已覆盖日常生活中的多个方面，诸如交通出行和知识技能等领域都能看到共享经济的影子。而作为共享经济在交通出行领域的耀眼新星，共享单车的迅猛发展使其成为继网约车后又一热点。

近年随着网约车的兴起，居民出行多了个可靠的选择，但是这并不能解决居民"最后一公里"的出行痛点。针对这个问题，公共自行车带来了其自身的解决方案，让居民随用随取，用完后定点归还，但该过程中反映出了取、还车便捷度方面的问题。以 ofo 为代表的共享单车平台顺势推出自身的无桩自行车，投放市场后，深得用户喜爱。

ofo 作为全球第一个无桩共享单车出行平台，自 2015 年 6 月启动以来，投放的共享单车数量在全球累计多于 1000 万辆，最高日订单量则超过了 3200 万，覆盖超过 250 个海内外城市，同时拥有超过 2 亿实名注册用户。据估计，ofo 提供了 60 多亿次高效绿色的出行服务，服务对象有近 20 个国家，更是被 20 国青年称赞为中国的"新四大发明"之一。然而，取得一系列卓越成就的同时，ofo 自 2018 年以来却不断陷入拖欠货款、私自挪用用户押金、资金链断裂、内部管理混乱等负面新闻。这不仅是 ofo 一家企业面临的境况，也是整个共享单车行业

[①] 本案例调研的时间节点为 2018 年 12 月，案例的分析背景为共享单车在国内的首轮市场竞争。

面对的困境。本文将以小黄车 ofo 为例,对共享单车行业的发展历程进行梳理,深入分析其商业模式的优势以及存在的问题,对于未来共享单车行业的发展,具有深刻的现实意义。

1 "网红"共享单车的快闪之旅

共享单车一经在国内市场投放就以其靓丽的外形、与市场需求的高度契合,以及新锐的服务方式,在全国刮起了共享出行的网红风。整个共享单车发展历程可以分为三个阶段。第一阶段是从 2007 年至 2010 年,这段时间内国外兴起的公共单车模式开始慢慢地引入国内,运营模式是以政府主导为主的有桩单车,并且作为城市公共交通系统中的一员;第二阶段是 2010 年至 2014 年,共享单车的运营模式逐渐从政府主导的有桩单车演变为由企业承包模式的有桩单车;第三阶段是 2014 年至今,无桩共享单车开始兴起,相关企业高速发展,起到领导作用的则是我们现在熟知的 ofo 和摩拜等品牌。经过井喷期的激烈角逐后,ofo 和摩拜两个品牌势均力敌,当时共享单车市场份额主要被这两个品牌占有,而自 2018 年起这两大主要品牌也相继出现了难以为继的局面,从新晋网红到败走麦城,共享单车在全国上演了一次快闪之旅。

1.1 共享单车为什么"火"

共享单车,指在公共场所提供的自行车共享服务,例如,在校园、地铁站、住宅区和公共服务区等。目前国内首创的智能共享单车模式指通过 App 寻找车辆,利用扫码等智能方式一键解锁自行车,然后在后台进行远程实时监控车辆健康和运营状态信息的单车智能出行新形势。它是三个概念结合后的产物,除了共享经济和自行车,它的背后还有物联网技术的支持:在互联网基础上的延伸和扩展,进行信息交换和通信,通过智能感知、识别技术等通信感知技术。自诞生以来,共享单车迅速火爆全球,被誉为"中国智造"的典型代表。当时正值"资本寒冬",可共享单车却成为一个不可多得的强劲"风口"。

由下面的结构图,我们可以发现共享单车企业连接了整个产业链,共享单车企业从自行车生产厂商那里获得自行车生产的服务,用户通过智能终端寻找自行车,并以移动支付方式完成租车。详见图1。

共享单车之所以引爆了市场,主要是因为在共享经济火爆的时代背景下,传统消费观念在潜移默化中被改变,作为移动互联网浪潮的产物,共享单车运

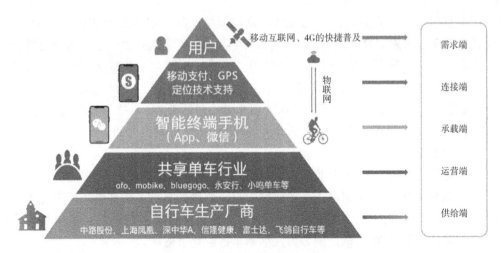

图1 共享单车产业链结构

用了互联网信息联合平台把社会海量、分散、闲置的资源的使用权暂时性地转移给了有需求的人，实现了物品的重复交易和高效利用的目的。其原因具体反映在以下三个方面：①从供给端来看，共享单车切合了当下提出的"供给侧改革"要求，对政府来说，减轻了公共自行车项目的财政负担；对社会来说，倡导绿色出行的生活方式的同时能够减少环境污染，也有效地解决了城市交通"最后一公里"的问题。②从需求端来看，城市交通增量与城市道路系统的不平衡、城市形态与现代交通方式的矛盾以及较低的城市交通科学管理水平加剧了汽车骤增带来的城市拥堵问题。相比私家车，共享单车在短途出行方面不仅可以随骑随停更加便捷，还能节约养车、油费和停车费等支出，对用户来说也是更加健康、休闲的选择。③从技术端来看，移动互联网消费成新习惯，互联网普及率伴随着我国网民规模持续增长。同时由于有物联网技术的支持，共享单车的管理和运营维护也获得了保障。加之移动支付正在快速普及，网络支付应用场景和方式正不断丰富，满足了共享单车的线上交易。

1.2 共享单车市场"百花齐放"

2014年8月，ofo正式创立，ofo小黄车作为国内首家共享单车公司，独创了无桩共享单车的出行模式。同年，共享单车行业仅有少数几家企业，用户规模仅为245万人，也正是这些企业的存在拉开了共享单车时代的序幕。次年，摩拜单车进入市场，刮起了城市单车领域的"橙色风暴"。2016年11月17日，ofo紧随摩拜的步伐，正式宣布进入城市，开展"城市大共享"计划，由此拉开了共享单车的大戏幕。由于门槛低,复制简单,共享单车品牌数量开始飙升,共享单车迎来发展期。进入2016年下半年,共享单车如井喷一般,出现在城市的各个角落。摩拜、ofo、小蓝、小鸣等公司纷纷攘攘进入共享单车领域,投放地区从"北上广深"等城市向其他地方迅速伸展。彼时,神州大地,单车战争硝烟弥漫,各个品牌的共享单车在大街小巷中进行竞赛。一时间资本仿佛是发现猎物的野兽般涌入该领域,共享单车市场因此表现出"百花齐放,百家争鸣"的盛况!

据统计发现,2016年前后,合计有30余家共享单车品牌投入国内市场。截至2016年年末,中国电子商务研究中心监测数据显示,共享单车用户群体已经有1886.4万人,相比2015年的245万人,呈7倍多的增长。共享单车投入量亦累计达到2300万辆。图2为共享单车行业竞争格局。

图2　共享单车行业竞争格局

按这种发展速度,共享单车市场很快能达到饱和状态,市场将由增量竞争过渡到存量竞争,精细化运营是必然趋势。

1.3　残酷的洗牌期和倒闭潮

到了2017年,共享单车行业竞争步入白热化,从共享单车的方兴未艾到后来的井喷式爆发,只不过是两年的时间。要想从激烈市场竞争的"夹缝"中生存和发展,企业一边加快融资步伐一边尝试着利用车辆数量优势来占领市场。公开数据显示,在2017年上半年以前,共享单车投资事件共达22起,吸引了多达 104.33 亿元人民币的资本。在共享单车行业发展最迅猛的时期，免费骑、骑行送红包、充值返现等活动被共享单车企业接二连三地用来吸引用户，各单车品牌的优惠力度越来越大。但是，这也体现出这些共享单车企业盈利点不明朗、企业以亏损的状态"惨淡经营"的情形。加之行业监管愈加规范，共享单车行业上演着属于自己的"冰与火之歌"，竞争进入了白热化阶段。

由于经营策略不当，选址失误，技术落后，重庆本地共享自行车品牌"悟空"小红车在坚持五个月后退市，成为第一家关停的共享单车公司。悟空自行车的退市成为共享自行车市场的一个里程碑事件，这宣布共享自行车行业已进入洗牌阶段。由于一线和二线城市的共用自行车市场已经趋于饱和，而共享自行车平台未能找到有效的盈利模式，同时许多中小型共用自行车平台无法连续注入强劲资金，只有重蹈"悟空"单车的后路。在"悟空"单车倒闭后，一些共享自行车品牌无法在一线和二线城市生存，只能退出或转向其他市场，紧接着行业内出现倒闭潮，3Vbike、町町单车、小鸣单车、小蓝单车和许多其他自行车平台纷纷倒闭，随后出现了大量共用自行车平台面临破产危机的消息。图3 为共享单车的发展历程。

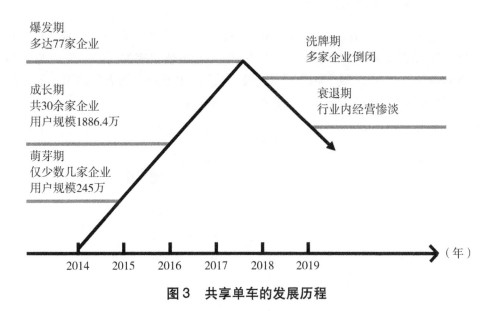

图 3　共享单车的发展历程

共享单车的倒闭潮在一定程度上是"公地悲剧"的真实写照。英国学者哈丁于 1968 年提出"公地悲剧"理论：在公共牧场上，农户为了自己的利益，倾向于让自己的羊多吃草，但作为公共资源的牧场，草是有限的，而每个农户都想多利用牧场，最后只能造成草的枯竭。在这样的情境中，企业投放的共享单车就像牧场里的资源属于社会的公共物品，有着低廉甚至是免费的使用成本，用户就像羊群，如果在使用时缺乏相应的监管，独占或破坏它的成本就会很低。若让共享单车过度发展，哈丁所说的"公地悲剧"就会成为现实。

人性永远难以摆脱贪婪和自私的丑陋面孔——共享单车用户会尽量给自己提供方便，不爱护单车、用私锁强占单车等行为屡见不鲜。单车的损耗率因此不断上升，坏车变得司空见惯，"公地悲剧"愈演愈烈。其实，在2017年的早些时候，由于共享单车的供给一直在增加，共享单车厂商则到处占领地盘，社会的"公地"并没有这么"悲剧"。而2018年初期，资本寒冬来临，资金变得紧张，这些厂商"弹尽粮绝"，除了人为的损毁还有自然的折旧，可用的共享单车愈来愈少，"公地悲剧"的矛盾开始逐渐凸显。

因此，由于违背经济学的原理和市场经济的发展规律，对人性也欠缺了充分的考虑，共享单车模式早晚是会出问题的。在缺乏有效监管的情况下，共享单车的发展将会被"公地悲剧"这一绊脚石"泄了气"。

1.4 双雄角逐上演"抢滩大战"

随着竞争不断加剧，市场格局基本稳定，中小企业生存空间越来越小，共享单车行业的头部优势逐渐显现。在中小企业迈入惨淡期的同时，ofo与摩拜却"蓬勃生长"，在各大城市展开了"抢滩大战"。2016年，两者的城市拓展版图先后涉足上海、北京、深圳、广州和成都，详见图4。

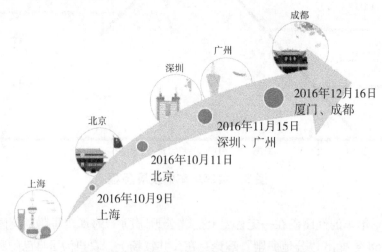

图4　2016年ofo与摩拜的城市拓展路径

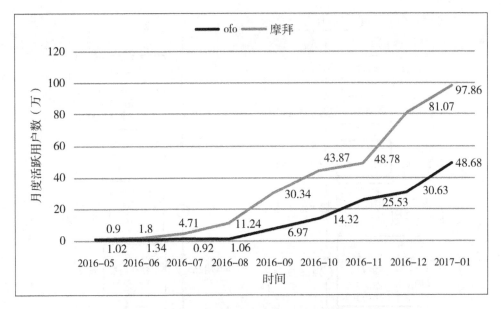

图5　ofo 与摩拜的月度活跃用户数量变化①

两位领跑者在用户量和融资方面的表现也不分伯仲。从2016年下半年到2017年1月，摩拜在月度活跃用户数量上一直领先于ofo（见图5）。到了2017年5月，ofo一举反超摩拜，月度活跃用户增长至近6200万，高于摩拜同月的5800万月度活跃用户量。

2017年以来，ofo于同年9月26日获得来自滴滴出行高达数千万美金的战略投资，橙色的摩拜单车在几天后也传来获得1亿美元C轮融资的讯息，摩拜对ofo的穷追猛打颇有种暗中较量的意味。而彼时，优拜、哈罗、小鸣这三家共享单车企业也到达B轮融资阶段，其余则大多处于A轮或天使投资阶段。该年，共享单车领域融资金额达到近260亿元，而摩拜单车以及ofo单车两家融资金额之和就达到155亿元人民币，两者合计共占超过九成的市场份额，"橙黄"的双寡头地位确立，大有分庭抗礼之势。摩拜和ofo的融资进程，详见图6。

---

① 数据来源：Quest Mobile。

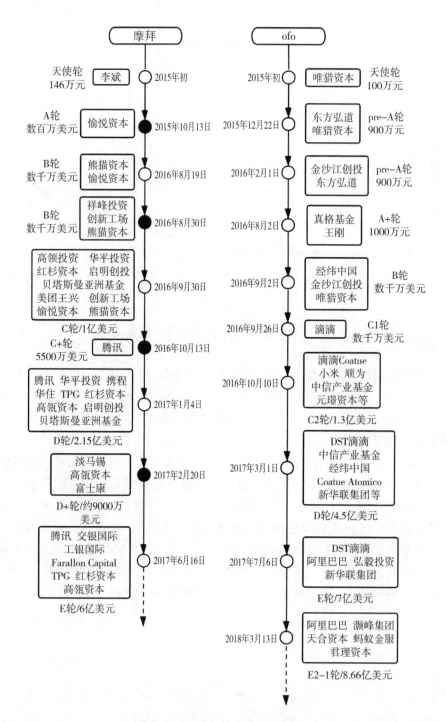

图6 摩拜和ofo的融资进程

1.5　头部企业难以为继，ofo 成行业缩影

进入 2018 年，共享单车市场的两个头部企业 ofo 和摩拜的情况却急转直下。先是摩拜被美团收购，CEO 胡玮炜卸任；然后是 ofo 深陷退押金大潮，创始人戴威甚至还上了限制消费的黑名单。以 ofo 为例，当初企业上升得有多猛，现在下落得就有多狠。

作为共享单车行业的先锋者，ofo 自 2014 年以"共享经济"的概念推出之后，便靠着资本的强势助力，开始了自己的快速发展。2015 年 6 月开启新纪元后，ofo 投放的共享单车数量在世界范围内超过了 1000 万辆，日订单超过 3200 万。此外，ofo 还提供了 60 多亿次高效、绿色的出行服务，服务对象是全球范围内 20 个国家的 200 个城市，还被 20 国的青年称赞为中国的"新四大发明"之一。

然而，凭借数量占有市场的表象并不能掩盖企业以及资本最关心的盈利问题。随着借助资本的力量大肆"烧钱"快速抢占市场的优势下降，ofo 进军海外市场的表现不及预期，这些问题极大程度上削弱了资本对 ofo 的投资热度，进而导致维持平台运行所需的资金链逐渐吃紧。另外，前期的过度投入导致后期的回收利益没办法回填，硬件成本、运营成本、价格战等等因素更是将 ofo 的生存空间推到了悬崖边上。巨额的供应商欠款、几乎无望的继续融资、大规模的裁员和业务收缩等一系列负面新闻亦不断向 ofo 汹涌而来。图 7 为 ofo 大事记。

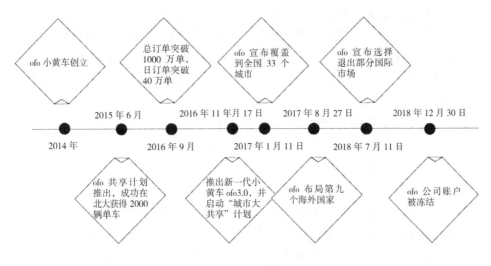

图 7　ofo 大事记

从备受资本宠爱的独角兽,到今天的四面楚歌,ofo 不过用了短短的三年时间。回看共享单车企业这些年,也是如同坐上了过山车,爬坡——获得资本青睐,企业疯狂扩张;上轨——众多企业加入角逐,市场前景一片大好;下落——押金难退,员工离职,资金链断裂。唏嘘之余,只能哀叹大部分共享单车企业并未找到适合自己的路子。下面将以 ofo 为例,以 ofo 的融资史为主线,复盘它的发展路径,解析它衰落的缘由。

2　ofo 的百亿融资是如何炼成的

在短短三年时间内,ofo 共享单车在资本的推动下以无可复制的速度攀上巅峰,而又以始料未及的速度跌落。自 2015 年创立以来,ofo 获得 10 轮融资,融资总额累计高达 20 多亿美元。曾经 ofo 在资本纵容下蒙眼狂奔,然而,水能载舟亦能覆舟,资本在助推的同时倒逼 ofo 选择了错误的竞争模式,走向了一条缺乏自身营利能力的不归路。

2.1　萌芽期:我的校园我的团

2014 年,戴威与他的四名同学联手创立了 ofo。最初 ofo 的创始人团队的项目定位不是共享单车服务,而是骑行游以及自行车出租服务,虽然在这期间也获得了唯猎资本 100 万元的天使轮投资,但是订单量少,账面上只出不进。后来,他们考虑到大学校园内自行车是最主要的出行选择,但学生若是拥有自己的自行车会有保养、丢失等现实难题,就改进了商业模式,希望将单车做成共享模式。赶上毕业季,学校有很多毕业生不要的自行车,他们想着让学生把自行车共享出来加入这个联盟,这样每个人都能骑大家共享的单车。于是在 2015 年 6 月,戴威和他的同学正式发布 ofo 这个共享单车品牌。当时还是北大研究生的戴威自掏腰包采购了 200 辆单车投放在北大校园并向学生回收单车作为共享单车。同时他提出无桩共享单车模式:ofo 用户打开 ofo 的 App 后只需在账户内预存一些费用,通过手机扫描车身二维码即可显示机械锁的 4 位开锁密码。骑行费用按照旅程收费,骑行结束后,可以随停随放,没有地点停放规定。2015 年 9 月,他们在北大开始了 ofo 的"试验",最初 ofo 只在大学校园里提供小范围的短途服务,不允许用户将车骑出校园,收费为 0.5 元/小时。试验的效果非常不错,扫码、无桩、低价等元素一下子就吸引住了那些离出行目的地有着一段相当尴尬距离的学生的目光。在北大校友的支持下,ofo 于当年的 10 月便拥有20000名用户和2000部自行车，日均订单已经有4000单。

通过在校园进行共享单车的投放，ofo吸引对于新事物接受最快的群体——大学生作为初始用户，使ofo一下子有了大量的用户基础。而在校园内对共享单车进行管理比较便捷，资源也是比较集中的，用户也普遍有较高的素质，使得共享单车持续有效的运营获得保障。定位校园市场的选择让ofo在发展初期获得一个良好的成长环境。最终共享单车这一模式得到了风险投资机构的认可，ofo也顺势获得了来自东方弘道和唯猎资本900万元的pre-A轮融资，企业在共享单车行业的发展踏出了第一步。

2.2 成长期：有钱才是王道

起初，ofo的故事主要围绕高校展开。随着ofo在高校中的投放量扩大，其对创业资金的需求相应上升，ofo公司在金沙江创投领投和东方弘道的帮助下于2016年2月完成了A轮融资，这笔资金给公司接下来的发展带来了很大的帮助。

2016年4月，ofo遇到扩张中第一个麻烦——已经进入20所北京高校的ofo订单徘徊不上，始终无法突破日均两万单这个目标。与此同时，大量社会人员和学生将车骑出校外造成了损失，这提高了ofo的成本，为此ofo调高了社会用户的价格，但情况仍然没有改善。眼看着订单量一直往下掉，戴威最终做出了"封校"的决定。虽然这给学生出校活动造成了不便，但却让ofo尝到了实际的商业甜头。此后，北京高校订单量攀升至500万单，真格基金、天使投资人王刚等人联合在8月往ofo注资1000万元，完成了A+轮融资。

ofo开始了自己的扩张计划。ofo一方面执行其扩张计划——先从1个学校到20个学校，再从1个城市到5个城市，5个城市到20个城市；另一方面，他们在寻求第一笔以千万美元计的大额融资。上海和武汉高校是ofo最先拓展的版图，ofo当时开展了营销冲单活动，收获颇丰，仅在武汉一城就斩获了4万多单的日均量，成功向资方证明了自己的能力。由于投资人对其未来拥有充足信心，ofo在2016年9月又获得了经纬中国领投的数千万美元的B轮融资，并于次月在滴滴出行超过1.3亿美元的资金帮助下建立了共享单车平台。

在这一时期，ofo根据客户的需要和市场实际情况不断调整和创新单车投放策略，用"封校""营销冲单"等方式成功证明了它自身的市场竞争力和经营方案的可行性，获得了成长所需的关键性的大额创业融资。

2.3 高速发展期：我的版图我做主

此前，正当ofo兴高采烈品尝封校带来的一系列胜利果实时，摩拜在上海街头崛起。2016年9月,摩拜又明目张胆挺进北大——ofo的大本营。2016年10月,ofo单车获得Coatue、滴滴等新老成员完成的1.2亿元C轮融资。面对摩拜的挑衅,以及在资本的急速推动下,ofo终于坐不住了。ofo于当月开始在上海进行试运营,次月ofo走出校园,正式宣布进军城市,由此拉开了ofo大肆营销扩张版图的剧幕。

当时公众对于ofo认识度并不高,除了在校的大学生几乎没有人见到过小黄车,更不用说在微信、微博这些社交渠道讨论它。为了让公众知道ofo,团队展开了营销计划的第一步。2016年的"双十一",ofo选择与杜蕾斯合作。杜蕾斯的自媒体发布了杜蕾斯市场总监骑着小黄车,给杜蕾斯用户送货的图文。这让公众看到了不一样的ofo,让公众认识到这是一个"有趣且会搞事情"的品牌。一周后,ofo正式进入北京,在当天的发布会上邀请了非常多热门的社会类、财经类的媒体,同时还邀请了小米等在微博上最具关注度和粉丝好感度的12个品牌,借他们之口传递ofo进入城市的信息。同一天,ofo还发布了由主打生活短视频的互联网新媒体"一条"拍摄的推广视频,其中主要讲述了创始人戴威的创业故事,并成功斩获10万+的阅读量,收获了大量用户。这一次,ofo通过极精准的传播渠道,找到了第一波愿意为ofo贡献口碑和忠诚的用户,而且这一波推广几乎零预算。同时,ofo还通过具有公信力和大量拥趸的第三方对大众宣传,大幅提高了品牌知名度。又过了一周,ofo继续其紧凑的营销步伐,上线了微博活动"拍照神器小黄车",号召大家上传自己和ofo的合影,这时小黄车已经出现在大街小巷。而ofo提前一个月邀请的近50名红人、素人和意见领袖拍摄的200张宣传照也同期发布。话题上线之后,微博上的阅读量迅速破亿。ofo在两周内通过四次有力度的出击,让公众感受到了小黄车的无处不在,用户和订单明显增长。在这一波传播受众中,ofo更是转化出了最早3%的种子用户。他们的价值不单单是下载使用了ofo这么简单,更重要的是这些种子用户为ofo的推广带来了更大的方便,成为这个品牌非常活跃的口碑传播者,这也是后期所有增长的基础。

2017年6月,借着大IP"小黄人"的电影《卑鄙的我3》上映的东风,ofo展开了其营销策略的第二步——与"小黄人"进行跨界合作。首映当天,现场来的都是大众和娱乐类拥有大量粉丝基础的媒体,ofo的举措成功影响到了第一批最重要的意见领袖,带动了他们分享ofo,再一次成功提升品牌热度。在接下来的一周,ofo趁热打铁——在全国52个城市投放了"小黄人大眼车",并举行线下活动让民众跟小黄人合影骑大眼车。在这期间,ofo团队从大眼车设计、打样到供应量、物流,各城市市场、运营都深度参与其中,实现了无缝衔接。

伴随着营销策略的顺利推进，ofo 疯狂开拓市场，2016 年 12 月开始开拓海外市场，在旧金山和伦敦等地开启城市服务试运营。2017 年 5 月，ofo 成为全球首个为全球 4 个国家 100 座城市提供短途服务的共享单车出行平台。随着 ofo 的流量和业务量的大幅提升，使得其受到资本热捧。由披露的信息显示，ofo 在 2016 年 10 月至次年 7 月的 10 个月时间内完成了从 C 轮至 E 轮的总额近 13 亿美元的四轮融资，约合 90 亿元人民币，高于同时期摩拜披露的超 9.15 亿美元，约合 63.5 亿元人民币的融资额。此时融资所得额远大于 ofo 需要的资金量，甚至出现了资金积压太多一时花不掉的情况。此外，ofo 通过借助"红包车""一元月卡""免费骑""免押金"等活动与劲敌摩拜打起了价格战，这也使 ofo 的用户订单达到峰值，同年 10 月 20 日，ofo 订单便达到有史以来的最高点 3200 万单，也是整个共享单车行业的顶峰。然而，此时立于盛世之巅的 ofo 并没有意识到自身所处的不过是"饥饿的盛世"。图 8 为 ofo 的重大举措。

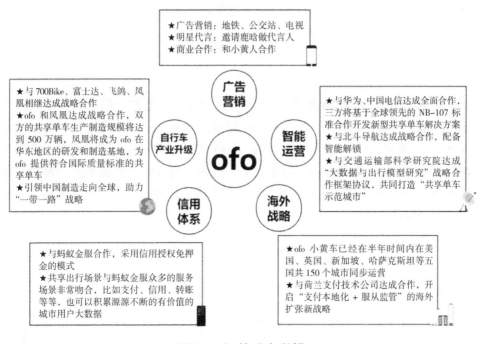

图 8　ofo 的重大举措

2.4　停滞期：深陷危机求"归宿"

顶峰之后便是急转直下，2017 年下半年开始，ofo 的融资开始停滞，持续的疯狂扩张也开始出现颓势。先是戴威违背投资人意愿，动用一票否决权使得ofo和摩拜的合并告吹，此行为让投资人收紧了资金。而后传闻中滴滴承诺促成的10亿美元融资并没有落袋，这使ofo真正陷入了资金链危机。此前几个月共1200万辆的采购量，总计72亿元人民币的大额金额，以及将ofo推上顶点的月卡和红包活动，更是使局面恶化。

2017年年底，金沙江创投的董事总经理兼天使投资人朱啸虎"清仓了"持有的ofo股份，转手给了阿里和滴滴两家公司。次年3月，ofo以股权与债券并行的方案获得了来自阿里领投的8.66亿美元，并让后者成为ofo董事会的一员。2018年4月，美团以27亿美元作价收购摩拜，包括65%现金和35%美团股票。在随后一次传出滴滴将以20亿美元收购ofo的消息后，滴滴第一次强硬地直接回复"从未有过收购ofo的意向，也承诺未来将继续支持其独立发展"。ofo一边拒绝了滴滴，一边是邀请哈啰出行进行合并未果，ofo越来越看不清未来的道路。

3　解锁ofo商业模式

共享单车的概念伴随着ofo的成立应运而生，一度被人们神话为"新四大发明"之一，却在短时间内沦落到四面楚歌的地步。不少人在分析时会习惯性地将ofo与滴滴进行对比，认为这两者的商业模式高度相似，而把相异的结局归结为管理、资本甚至是时运。但事实上，这两者的商业模式在本质上都存在着巨大的差别——ofo的商业模式并无可持续发展的能力。下面，本文将从以下五个维度的概述反映出ofo的商业模式。

3.1　精准定位——为城市出行提供美好愿景

3.1.1　走出校园进城市

尽管ofo创始人团队起初只是想把企业往骑行游和自行车出租服务方面发展，但他们在企业的发展过程中慢慢地发现共享单车领域大有可为，便率先进入了共享单车市场，成为该品类的开创者，而且自始至终都围绕着共享单车搭建各种服务。ofo最初的市场定位是校园，试图解决校园内长存的出行问题。而后为了反制闯入校园市场的摩拜单车，ofo迫于无奈不得不开始踏足开放市场，由解决校园单车易丢失的痛点逐渐地过渡到解决城市群众"最后一公里"的出行难题。

随着市场的扩大，ofo 的用户先后形成了在校师生和社会人士这两个主要群体。在校师生群体大多数都把单车当作校园内日常通勤的首选，但校园内使用自行车时常面临着买车、修车和丢车等"老大难"问题。ofo 共享单车项目曾做过数据分析后发现，学生自购单车平均每年花费在 210 元左右，而如果选择租用 ofo 共享单车，每年平均可节省 137 元的支出。所以，便捷、便宜的特点让 ofo 共享单车备受在校师生的青睐。ofo 走出校园后，将目标瞄准了城市白领。ofo 考虑到城市内短途出行是家常便饭，特别是要完成那些公共交通系统难以覆盖到的从地铁口、公交站到上班地点等目的地的"最后一公里"路程对这些人群来说几乎没有选择可言。有了这些共享单车后，各种交通工具成功地进行了对接，完美地满足了人们短距离出行的需求。所以，ofo 共享单车主要集中投放在城市中人口密集的地铁口、公车站和各大楼盘等地域。

3.1.2 连接自行车的美好愿景

在短途出行方式选择上，传统方式各有缺点，比如：自购自行车存在购置成本高、保管麻烦等问题，走路面临耗时长等问题，而政府推行的"有桩"公共自行车又存在繁杂的办理手续、取放地点固定等缺陷，作为首家缔造"无桩单车共享"概念的共享单车企业，ofo 的目标是为城市人群提供方便、快捷、经济、健康和绿色的出行服务，ofo 共享单车无桩停放的创新模式很好地为人们的短途出行难题提供了更为安全、实惠、便利的解决方案。

ofo 小黄车最初的远期商业愿景是"不生产自行车，只连接自行车"。这意味着除了自己设计并与生产商合作生产自行车以外，ofo 还希望人们能够将自己的闲置自行车"共享"出来，然后接入自己的平台来给更多人提供服务。2016 年下半年，ofo 宣布了新的开放战略——"城市共享计划"。该计划是企图让用户贡献自己的自行车以便可以获得其他车辆的使用权，然后在 B 端对更多自行车厂商进行整合。最后，ofo 则变身为一个既不生产单车，也不购买单车的共享平台。

3.2 褪去互联网外衣后的直线型模式

互联网时代，人们看着一个又一个企业从闻所未闻摇身一变为独角兽，常常容易因互联网时代背景下的造富神话变得不那么理性，看不清事物背后的真相。其中，最典型的例子就是滴滴。几年前，这家名不见经传的创业公司仅仅依靠几轮补贴大战就战胜了快的、优步等竞争对手，一举成为网约车市场的领头羊。人们不禁好奇为什么"烧钱"补贴可以"烧"出滴滴,却不能"烧"出一个 ofo。此外,戴威和程维曾颇有交情,难免受到滴滴成功的影响,想做滴滴第二也不足为奇。这一事实更加重了人们心中的疑虑。然而事实上,ofo 虽然通过"烧钱"占据了大量的市场,但它却没有维持这一优势的能力,其根本原因在于 ofo 并没有搞清楚自己的商业模式并依此选择发展策略。

滴滴当初采用的是典型的平台模式:滴滴自身并不运营车辆,而是通过扮演交易撮合者的身份来获取收入。对这样的平台来说,乘客会偏爱车辆更多的平台,司机也会偏爱乘客更多的平台,表现出跨边网络外部性。因此,平台通过补贴可以成倍地扩大用户基础——补贴吸引了更多的乘客,而更多的乘客又带来更多的司机,更多的司机又吸引了更多的乘客……经过多次循环后,经过"烧钱"的平台可以迅速占领市场。当滴滴建立好管理网络和占领了足够大的市场份额后,不仅增加新用户的边际成本会降低,竞争对手进入市场的壁垒也会变高,从而使得滴滴能够较好地独立运作、稳定营利。

而 ofo 并没有滴滴这样的多边平台属性,其商业模式从本质上来看是典型的直线型模式,即上游买车后直接租给目标用户,从而收取服务费用。这与传统的线下租车业务相比并没有实质性的不同。要说区别可能就是 ofo 有了互联网的加持,扩大了业务范围。相比滴滴的平台模式,"烧钱"带来的帮助对直线型模式并没有这么大:大量的资金投入虽然可以带来市场的迅速扩张,但是并不能带来前者的"滚雪球"效应和进入壁垒。与此相反,当扩张是无限制的时候,单车使用效率下降、管理难度变大等问题会变得尤为突出,造成规模不经济的结果。

3.3 以共享之名行租赁之实

2016 年 11 月 17 日,ofo 共享单车在北京召开战略发布会,宣布正式启动城市服务业务,推出了升级后的 ofo 小黄车 3.0,"城市大共享"计划也随之开始执行。ofo 希望通过该计划,同其他合作企业一齐为用户提供具有个性差异化的自行车出行服务。ofo 希望能让未来用户在自己的平台上体验到风格各异、品类多元的自行车,满足不同的需求。同时鼓励城市居民共享自己闲置的自行车,把它们接入 ofo 平台为其他人提供服务,此举既可以让用户享受到"共享"的乐趣,又可以增加平台的车辆和使用用户,可谓实现双赢。

但 ofo 的"共享蓝图"并没有持续下去。该共享机制无法维持的原因是,向平台提供单车的个体,一方面既是平台的建设者和单车来源的提供者,另一方面平台也享受由此产生的福利。虽然这与它所倡导的"共享"概念相吻合,但却形成了人群重叠，陷入了不利的境地。造成这种情况的原因在于消费者作为平台的直接获益者后并不会有动力再次购置单车提供给平台，因此平台便没有自行车的后续来源，无法维持增长，平台能够获取的单车数量即是一个定额，平台自行车的最大数量大致等同于当下拥有私人单车且愿意共享的这一小部分群体的数量。

该计划中和企业一同共享的机制也并没有建立。有关资料显示，在计划发布之后的四个月内，老牌自行车制造商飞鸽为 ofo 完成 80 万辆车的订单，占其全年产能的 1/3。此外，ofo 还联合上海凤凰自行车厂一起生产制造适合欧美人骑行的小黄车。而通过用户共享而来的自行车只占 ofo 自行车总量的 10% 左右。这种模式实际上不算是共享经济模式，而是单边的租赁模式，在种种原因的作用下，ofo 最终还是走上了自产自营的道路。

ofo 作为一家互联网共享单车公司，提供的产品其实就是共享单车的使用权，走的仍然是传统的供应链模式，即 B2C 模式。B2C 就是利用互联网将企业和消费者直接联系起来，在这过程中企业可以直接为客户提供服务。ofo 在此过程中通过投放共享单车，为客户提供了多元化的骑行服务，ofo 自己设计自行车，之后让自行车厂按照他们提供的设计图制造车子，传统的自行车厂商负责生产制造，而 ofo 负责自行车设计和租赁投放等，可见 ofo 共享单车的商业模式提供的产品依旧是传统的供应链模式，并不是真正的"共享"经济模式。

3.4 ofo 的营利模式

3.4.1 多元化收入渠道构想

在经历了 2015 年的崭露头角，2016 年的快速扩张，2017 年适者生存的资本清洗，2018 年初，ofo 和摩拜终于结束了价格补贴大战，恢复月卡收费，还是回归了行业的本质。那么，ofo 到底靠什么获得收入呢？

（1）押金与租赁收入。ofo 的单次骑行计费标准对社会用户是每小时 1 元，合作学校师生则是每小时 0.5 元。不过由于行业竞争者多，加之用户黏性不高，所以 ofo 的日均骑行次数其实并不多，单次费用也较低，所以如果是单单依靠租赁的收入来回收成本是困难的。所幸，共享单车的盈利方式还有一个更为重要的途径，ofo 对每位正常用户收取 199 元不自动退还的押金，只有在进行申请后才可获得退还。一般而言，用户不会用完单车就申请退还押金，等下次需要骑行再重新缴纳押金。这样的押金对平台而言无形中造就了一个巨大的资金池。通过适当增加车辆投放数量，企业可以增加用户和押金数量，归根结底就是无息融资的性质，ofo 可以借助该笔资金实现利息收益，因此 ofo 盈利主要在于用户的押金以及个人账户中预存的余额。

（2）广告收入。ofo 在软件内部与多家企业有合作：借助积分商城兑换商品的方式，ofo 为平台用户在软件中提供进入其他商店、酒店的渠道；同时，ofo 还有一系列与其他厂商推行的关注公众号送 ofo 骑行卡的活动，单车车身也打上了某些企业的广告。但这些广告方式相较于其他互联网广告和平面广告等，并没有很大的优势，因此就这几个广告收入途径而言，ofo 并不能实现所预期的营利水平。

（3）大数据收入。共享单车需要实名认证后才能使用，当平台用户的个人信息与出行数据足够多时，平台不仅能够分析这些数据从而进一步地预测共享单车用户的需求、车辆使用状况等，还能将这些数据有偿提供给商户参考，帮助商户对受众群体实现更加精准的定位。在互联网技术不断发展的过程中，ofo 的"奇点"系统——全球最大的人工智能大数据平台上的用户消费数据将是大数据时代的宝贵财富。

（4）融资收入。共享单车另外一个更为重要的收入来源在于融资收入，通过不断的融资，获得新的资本投入。2017 年，共享单车行业共获得了高达 260 亿美元的融资金额，ofo、摩拜两家"寡头"获得的融资就已经高达 155 亿美元，占比 60%，当之无愧地成为共享单车行业的领头羊。然而共享单车行业在资本的裹挟下不自觉地陷入了一个无限融资的死循环：先是制造概念吸引资本投入，然后利用这些资本创造流量，而后运用流量换取新一轮的资本。该现象也解释了为什么共享单车平台要通过一轮接一轮的融资来保证自身的正常运营。

3.4.2 成本结构之"暗伤"

表 1 反映了 ofo 共享单车成本结构的"暗伤"：第一，由于 ofo 通过购置的手段来获得投放所用的自行车，随着单车投放数量的增加，购置单车的成本将相应上涨。第二，ofo 因为把用户体验放在首位，设计的单车具有轻便的特点，导致其质量并非稳固，外加社会上存在部分用户的素质较低，单车容易遭到损毁、破坏，公司用于维护的支出也不得不大量增加。同时，为针对这些不爱惜的行为，公司要花额外的钱来定制或购置更加牢固的自行车，成本又要进行一次上涨。第三，共享单车的调度对企业来说也是不容忽视的一点，及时、科学地对单车进行调度可以为公司减少资源浪费，甚至是增加单车提供的收入。第四，ofo 在广告宣传上投入较高的资金，邀请了当红的明星来进行广告宣传，该部分的销售费用相对其他平台更高。

表1　ofo的成本结构[①]

项目		成本支出情况
投放成本		30元/辆×1000万辆=30亿元
运输人员工资	人数	1000万辆×0.5%=5万人
	工资	5万人×3835元/月×12个月≈23亿元
维修硬件费	被损坏单车数	1000万辆×30%=300万辆
	硬件费用	300万辆×30元=9000万元
其他杂费	调度费用	1000万辆×3元/辆/天×365天×8%=87600万元
	研发费用	前期的机械锁，无定位系统，研发费用低，后期不断研发智能锁，有定位系统并提高定位精确度，深度开发App和大数据平台，研发费用高
	推广费用	注重广告宣传，邀请当红明星为其代言，还有补贴用户活动，推广费用高

3.4.3　高市场占有率与低收益

2017年年初，各家共享单车企业的竞争格局逐渐明朗，表现为ofo和摩拜两家行业巨头的市场占有率达到了92.6%，在各项用户度满意度调查评比中，ofo的表现也极为出色。然而，表面上多元化的收入与傲人的市场占有率和口碑并没有给ofo带来预期的丰厚收益。通过查询天眼查可发现，ofo的运营主体北京拜克洛克科技有限公司法人戴威，融资历史有9次，融资总额超20亿美元，投资方数十家，ofo是融资最多的共享单车企业。这样看来，尽管人们直观认为ofo平台主要从租赁押金和衍生服务获得收入，但实际上ofo的发展离不开资本的大量投入。经历了洗牌期的资本清洗后，竞争力低的中小型企业惨淡离场。即使是昔日的巨头摩拜也承认一直亏损的事实，转而投入美团的怀抱；然而，ofo却一直在否认公司裁员、持续亏损等负面消息，但是截至2017年12月，账面反映可供ofo调配的资金只剩下可怜的3.5亿元，而超过30亿元押金要用于偿还供应链欠款；同年削减约60%的向上海凤凰采购单车的计划；并在次年通过动产抵押的方式，质押共享单车来换取阿里巴巴公司共计17.7亿元的贷款。综观整个共享单车行业，大家一直都没能找到营利模式，ofo只是该行业的缩影。这情况告诉我们单纯地依赖资本驱动和提高市场份额注定是无法获得长远

[①] 数据来源：ofo单车官网。

发展的。在资本狂潮最终褪去的时候，是否有人在"裸泳"便清晰可见。

4 复盘 ofo 败局，共享单车行业路在何方

ofo 小黄车，作为全球创立最早的无桩共享单车创业公司，其定位就是要解决城市短途出行困难问题。小黄车最初通过从校园大学生包围社会用户的方式快速切入市场，并通过快速大量投放单车抢占不同市场，巅峰时刻，小黄车在全国投放了 2300 万辆单车，单日订单超过 3200 万份，与另一行业巨头摩拜单车瓜分共享单车 90% 的市场份额。但经过三年的井喷式发展之后，摩拜单车的胡玮炜功成身退，由美团收购了摩拜。而小黄车呢，每隔不久就会有媒体报道诸如"再见了，小黄车"的负面信息。就如同古时的罗马帝国一样，起初花费大量资源抢占疆域，最后却又因统治力薄弱一点点被蚕食。那么，ofo 小黄车真的会如名字一样，在不久的将来"黄"了吗？本文最后将通过结合 ofo 小黄车现有问题来指出其未来的出路。

4.1 ofo 缘何深陷困境，成烫手山芋

4.1.1 内外局面"失控"

（1）内部"失控"——决策权被过多干涉。戴威、经纬、滴滴、阿里和金沙江创投都拥有"一票否决权"，在动到自己的"蛋糕"时，这些股东都可以采用一票否决权来阻碍 ofo 制订重大决策。这些矛盾会让 ofo 不仅决策效率低下，还留下了法律漏洞严重影响到公司的长远发展。回首 ofo 历次重大关头的抉择，从试图与摩拜合并到被滴滴或阿里接管的过程中都能看到"一票否决权"的影子。如此任性的公司治理问题直接导致的后果就是 ofo 一直保持着独立运营的状态，这在激烈的中国市场中难以维系竞争力。因为企业所在的将会是阿里巴巴、腾讯等几家互联网巨头主导着的面向消费者的市场。而独立运营意味着你不仅失去了巨头们的拥抱，甚至还可能增加了与它们厮杀的成本。

（2）外部"失控"——形势被错误预估。在 2018 年 3 月，戴威曾乐观地认为 ofo 将会是共享单车行业内第一家实现盈利的平台。然而在实践过程中，情况远非他预想的那么美好：第一，在国民素质尚待提高的背景下，单车损坏率超乎想象，大大增加了维修成本，同时丢失率也高，导致回本期延长；第二，由于共享单车行业竞争趋于白热化，各平台的价格战、补贴挤占了盈利空间；

第三，上游厂商和平台内部的管理无法跟上 ofo 过快的扩张速度，致使运营管理成本因此激增；第四，由于共享单车广告相比于其他广告方式没有很明显的优势，因此 ofo 在广告变现等潜在盈利点上没能达到管理层的预期。尽管其他企业也面临这些问题，但后来中小型企业相继离场，宿敌摩拜逐渐放弃粗犷式经营的策略。而戴威却沉醉于扩张的美好童话中，没能从其他平台的教训中看到背后的本质。

  ofo 不仅在国内市场没有站稳脚跟，还过早地企图进入全球市场。在真正打入中国国内市场之前，ofo 决定在 2017 年前往欧洲。在美国、欧洲和其他地方开展业务可能有助于提高 ofo 的"估值"，但这也造成了 ofo 的损失。因为这也意味着要购买大量自行车，并把它们销往世界各地，而实际上没有战略要求 ofo 这样做。ofo 的成功或失败总是与其在中国的成功或失败有关。华为这样的公司表明，从长远来看，首先在中国市场站稳脚跟总是更好。

  "走出去"通常是中国数字巨头在赢得中国市场后所做的事情，比如滴滴和阿里巴巴；或者他们需要避开规模更大的国内竞争对手，比如 20 世纪 90 年代的华为或如今的一加科技。如此一来，当资本寒冬降临，企业发展融资拉不进来，又没法被收购，只能靠自己造血经营时，为时已晚。

4.1.2　无法突破高成本困境

  在运行模式的选择上，ofo 实际是"重资产"模式的平台，即先持有资源，再利用资源开展经营。整个共享单车行业严格来看并非共享经济模式，而只是互联网化经营的传统业态。ofo 所做的仅仅是向公众共享交通出行服务，而非创造一个平台让公众之间相互共享。循环和替代是共享单车一直标榜的发展潜力来源，但是，单车的来源并非社会的闲置资源，而是需要额外生产的工具，共享单车的生产最终转变为企业一轮又一轮持续增加的固定成本，抵消了用户增长的现金流入，持续盈利终究是镜花水月。

  共享单车公司沿袭了当年的滴滴、美团等互联网公司发展壮大的粗放式战略，企图通过源源不断的单车实现"高投入、多覆盖"的高市场份额，却无视配套规则的引入，违规停车、乱停乱放、破坏单车、私占用车、影响市容等问题并未被解决，因缺乏约束消费者的惩处措施和监管部门的放任自流，共享单车野蛮生长的最后竟是一地鸡毛。

4.1.3　营利模式模糊

  一直以来 ofo 的营利模式并不清晰，存在难以变现的问题。从经营战略来看，共享单车仅仅是一个引流的入口，需要通过吸引大量的高频率和低黏性的用户在另一个高附加值领域实现流量变现，但ofo执迷于单纯地靠单车租金收益实现盈利，最后证实了这是一条死路。

ofo不得不持续通过外部资金来维持企业的人力物力成本和满足扩张需求，但过度的大规模融资导致了ofo对外部资金的强依赖，日后投资人缩紧资金，谨慎投资时，ofo也伴随着资金流入的减少而扩张乏力。最终，自行车本身的后期投入成本成为压垮ofo的最后一根稻草，公司资金入不敷出，现金链断裂，这场"烧钱"游戏颓势尽显。

ofo作为一家年轻企业，在获取资本后，应将精力放在提升用户体验，改善产品品质，加强成本管控，进一步创新商业模式上，然而ofo没有选择这样的"慢方式"，ofo急于速成，选择了资本竞赛，运用资本快速铺车占领大片市场，甚至展开发红包、免费骑、免押金三级"价格战"。这样的盲目竞争势必会造成资源浪费，大量资金得不到有效的利用。砸钱的恶性竞争只会让整个共享单车行业越陷越深，最终被这个无底洞吞噬。

4.1.4 互联网经济的"寡头效应"

在竞争策略上，与摩拜相比，ofo采取以快制胜的方向。其采用互联网平台技术下的经营模式，它的发展也符合互联网经济规律：快速占领市场，扩大规模，成为独角兽企业。因此，ofo在技术上没有太多积累，在自身最关键的产品共享单车质量上没有狠下功夫提升质量，导致日后留下ofo质量差的印象，同时也给运营维护造成了很大困难。综观整个共享单车行业的历史，共享单车行业白热化的竞争背后是资本疯狂的角逐游戏，资本的逐利性撕裂了共享单车"共享"的谰言，"伪共享，真租赁"才是背后资本探寻的命题。即使概念创新，共享单车最后还是揭露了互联网产业下"寡头效应"的谜底，共享单车的结局无异于当年的"百团大战"。

一旦资本要收回成本寻求盈利，资金链收紧，也就是美梦变成噩梦的时候，企业倒闭风险必然出现。

4.2 共享单车行业任重而道远

4.2.1 入口多元化

在摩拜决定进驻微信小程序、ofo等共享单车品牌决定进驻支付宝后，共享单车行业的入口多元化拉开了序幕。移动互联网时代下，"用户体验至上"不能只是一句空喊的口号，必须付诸实际。如果用户在使用共享单车时要打开手机从繁多的 App 中挑出相对应的共享单车 App，那么这是一次糟糕的用户体验。如果能有个平台结合所有的共享单车 App，形成一个特定入口，那么这小小的改变就能明显地改善用户体验。

4.2.2 运营精细化

目前市面上的共享单车品牌很多，但给人感觉都一样。事实上，在目前阶段，这些公司之间的差异的确很少。共享单车作为一个新兴行业，随着竞争者的增多，市场会变得越来越拥挤，这就需要各企业更认真地对待品牌建设。对此，企业可通过提高技术、改善服务、拓展业务等方式发掘自身的独特优势，同时以不同的营销策略为辅，让行业内的不同企业可以取长补短，实现最大化社会公众效益的核心目标，以期获得长远发展。在实行精细化管理方面，共享单车企业应积极升级技术，提高智能锁的定位精度和开锁速度；与用户签订押金管理协议，同时提供运营企业专用存款账户以及用户个人银行结算账户的资金保管方式，用户可以选择押金归用户所有，避免押金被私自盗用、移用。

4.2.3 管理规范化

共享单车在从享有中国的"新四大发明"之一的赞美到遭遇"城市的蝗虫"骂名的过程中，让人们看到了乱停乱放、涂改二维码、恶意破坏、加私锁等丑陋行为。共享单车损毁率居高不下，小黄车的更是如此，如果不对这些不文明现象加以规范，解决这出公地悲剧，整个行业都将难以发展下去。值得庆幸的是，共享单车行业不同于其他"互联网+"行业，政府部门迅速反应，给出了政策等方面的引导，比如出台《关于鼓励规范互联网自行车服务的若干意见》等举措，其中，上海走在了全国前列——率先完成了共享单车团体标准编制工作，这同样需要其他城市陆续跟进。

参 考 文 献

[1] 常征. 大数据环境下的征信体系 [J]. 中国金融, 2017 (7)：41-43.

[2] 陈铃, 彭俊宁. 芝麻信用的发展现状及问题探讨 [J]. 当代经济, 2016 (8)：38-40.

[3] 陈铃, 彭俊宁. 芝麻信用发展动因研究 [J]. 现代商贸工业, 2016, 37 (13)：65-66.

[4] 范瑞金. ofo 共享单车商业模式研究 [D]. 武汉：华中师范大学, 2018.

[5] 郭强, 马文鹏. 中国互联网金融的发展脉络与现实约束：以阿里金融为例 [J]. 华北金融, 2014 (5)：50-54.

[6] 何涛. 共享单车现象与共享经济发展探讨 [J]. 技术经济与管理研究, 2017 (8)：99-104.

[7] 胡广. PPmoney 公司 P2N 网贷模式案例分析 [D]. 广州：广东财经大学, 2017.

[8] 王金龙, 乔成云. 互联网金融、传统金融与普惠金融的互动发展 [J]. 新视野, 2014 (5)：14-16.

[9] 韩壮飞. 互联网金融发展研究——以阿里巴巴集团为例 [D]. 开封：河南大学, 2013.

[10] 王千. 互联网企业平台生态圈及其金融生态圈研究：基于共同价值的视角 [J]. 国际金融研究, 2014 (11)：76-86.

[11] 纪崴. 未来将进入新金融时代：访蚂蚁金服总裁井贤栋 [J]. 中国金融, 2016 (15)：15-17.

[12] 姜蕾. 大数据征信在互联网金融领域的应用：以芝麻信用为例 [J]. 经济与社会, 2016 (6)：83.

[13] 赖华强, 盛迪. 共享经济时代的商业模式分析：以 ofo 共享单车为例 [J]. 中国商论, 2017 (11)：3-4.

［14］李怀勇，张贵鹏. 基于共享经济的商业模式创新［J］. 商业经济研究，2017（1）：120－122.

［15］李先勇，李彤辉. 互联网金融是商业银行战略转型的必然选择：以阿里金融为例［J］. 河北金融，2013（10）：20－23.

［16］李源，李容，龚萍，等. 共享经济发展现状、问题及治理研究：基于机构调查报告和行业实例分析视角［J］. 西南金融，2017（9）：57－62.

［17］刘美玲，王佳. P2P网贷运行模式及风险分析：以拍拍贷为例［J］. 现代商贸工业，2018，39（2）：114－116.

［18］刘新海. 阿里巴巴集团的大数据战略与征信实践［J］. 征信，2014（10）：10－14.

［19］刘颖，李强强. 从蚂蚁金服看大数据背景下互联网金融征信的兴起［J］. 河北金融，2016（2）：14－16.

［20］刘宇，张玉霞，曾静敏，等. 从共享单车看共享经济的商业模式［J］. 中国商论，2017（25）：135－136.

［21］卢强，宋华，于亢亢. 供应链金融中网络连接对中小企业融资质量的影响研究［J］. 商业经济与管理，2018（9）：15－26.

［22］徐诺金. 论我国的金融生态问题［J］. 金融研究，2005（2）：35－45.

［23］罗丽娟. 技术派PPmoney［J］. 21世纪商业评论，2018（5）：72－73.

［24］吕晶晶. 人工智能＋金融的中国"局"［J］. 金融博览（财富），2017（2）：39－42.

［25］吕静. 百度"掘金"BAT打响金融攻防战［N］. 中国经营报，2013－10－28（C07）.

［26］马广奇，魏梦珂. 基于"互联网＋"促进普惠金融发展的路径探索：以蚂蚁金服为例［J］. 产业与科技论坛，2018，17（5）：118－119.

［27］马广奇，赵芬芬. 余额宝的金融创新及其影响分析［J］. 武汉金融，2014（3）：24－25.

［28］马广奇，赵亚莉. 阿里巴巴"合伙人制度"及其创新启示［J］. 企业管理，2015（2）：120－123.

［29］马浩宇. PayPal和Visa扩大合作加速数字支付和移动支付在亚太地区的应用［J］. 计算机与网络，2017，43（8）：13.

［30］马宁，张佳睿. 我国互联网金融业的发展态势研究［J］. 经济纵横，2015（9）：91－93.

［31］陈薇. 媒介环境与腾讯QQ品牌构建［D］. 武汉：华中师范大学，2010.

[32] 张初愚, 张乐. 美国在线与腾讯的战略管理比较 [J]. 经济管理, 2003 (1): 86-88.

[33] 潘敬萍. 共享经济商业模式下共享单车发展路径研究 [J]. 现代商业, 2017 (32): 34-36.

[34] 盘和林. 美团点评正式上市 生态系统是其高市值最根本支撑 [N]. 国际金融报, 2018-09-24 (003).

[35] 秦洪辉. 浅议 PayPal 应用风险与防范 [J]. 科技风, 2012 (12): 257.

[36] 孙冰. 王兴的"下半场"和美团的"帝国计划" [J]. 中国经济周刊, 2018 (26): 58-59.

[37] 于善波, 李晓娇. 腾讯公司成长性与业务多元化现象研究 [J]. 现代商业, 2015 (14): 174-175.

[38] 汪浚源. 共享单车: 经营现状、盈利模式与经营前景: 以摩拜和 ofo 为例 [J]. 领导科学论坛, 2017 (7): 78-80+86.

[39] 王帆, 权军庆. 我国 P2P 网贷平台风险管理研究: 基于拍拍贷和陆金所的对比分析 [J]. 征信, 2017, 35 (9): 57-61.

[40] 王维伟. 基于第三方的网上支付方式研究 [D]. 大连: 大连交通大学, 2009.

[41] 王潇, 侯文静, 赵继云. 基于 O2O 视角的共享经济商业模式分析: 以 ofo 共享单车为例 [J]. 商场现代化, 2017 (8): 28-29.

[42] 王馨. 互联网金融助解"长尾"小微企业融资难问题研究 [J]. 金融研究, 2015 (9): 128-139.

[43] 王雪玉. PayPal 开辟云创新的独立路径 [J]. 金融科技时代, 2016 (6): 100-101.

[44] 黄婷. 微信支付与支付宝的对垒 [J]. 经贸实践, 2015 (9): 148.

[45] 魏薇. 美团: 如何杀出千团大战 [N]. 北京商报, 2014-07-30 (C04).

[46] 温晓桦. 百度金融的人工智能"版图" [J]. 金融博览 (财富), 2017 (2): 47-49.

[47] 吴悠悠. 我国互联网金融: 问题前景和建议 [J]. 管理世界, 2015 (4): 170-171.

[48] 肖智星. 基于商业画布模型的 ofo 小黄车商业模式研究 [J]. 现代商业, 2018 (17): 82-84.

[49] 谢平. 互联网金融的现实与未来 [J]. 新金融, 2014 (4): 4-8.

[50] 徐箐，胡皓渊. 钱和责任在一起：PayPal 模式和法律环境分析 [J]. 电子商务世界, 2005 (7): 32-33.

[51] 薛健. BAT 摩拳擦掌布局 FinTech [J]. 中国战略新兴产业, 2016 (7): 25-27.

[52] 严佩. 浅谈 PayPal 支付平台 [J]. 时代金融, 2016 (35): 262+265.

[53] 严圣阳. PayPal 第三方跨境支付发展策略及借鉴 [J]. 中国商论, 2017 (34): 58-60.

[54] 叶伟. 美国 PayPal 公司的经验给国内互联网金融发展与监管的启示 [C]//中国证券业协会. 创新与发展：中国证券业 2014 年论文集. 北京：中国财政经济出版社, 2014.

[55] 叶文辉. 大数据征信机构的运作模式及监管对策：以阿里巴巴芝麻信用为例 [J]. 新金融, 2015 (7): 60-63.

[56] 李凯，孙旭丽，严建援. 移动支付系统使用意愿影响因素分析：基于交换理论的实证研究 [J]. 管理评论, 2013, 25 (3): 91-100.

[57] 胡媛媛. 以阿里巴巴为例探究互联网企业资本运营方式 [D]. 成都：西南交通大学, 2016.

[58] 于丽华. 百度钱包印证互联网发展 [J]. 经理人, 2014 (7): 8.

[59] 于小艳. 互联网电商运营模式变革：从线上到线下 [J]. 电子商务, 2018 (18): 84-86.

[60] 于晓阳. 互联网+大数据模式下的征信：以芝麻信用为例 [J]. 北方金融, 2016 (11): 73-76.

[61] 余丽霞，郑洁. 大数据背景下我国互联网征信问题研究：以芝麻信用为例 [J]. 金融发展研究, 2017 (9): 46-52.

[62] 曾雪云，徐以荻，张能鲲. P2P 网络借贷的商业模式与前景：以陆金所和 Lending Club 为例 [J]. 财务与会计, 2017 (6): 32-34.

[63] 张怡姮. 美国嘉信与 PayPal 模式启迪 [J]. 金融博览（财富）, 2016 (2): 53-55.

[64] 张正，王孚瑶，张玉明. 云创新与互联网金融生态系统构建：以阿里金融云为例 [J]. 经济与管理研究, 2017, 38 (3): 53-60.

[65] 郑志来. 共享经济的成因、内涵与商业模式研究 [J]. 现代经济探讨, 2016, 411 (3): 32-36.

[66] 张军杰. 中国互联网企业发展模式探析：以腾讯为例 [J]. 经济与管理, 2011, 25 (2): 43-46.

[67] 朱富强. 共享经济的现代发展及其潜在问题：以共享单车为例的分析 [J]. 南方经济, 2017 (7): 37-50.

[68] 朱光. 百度输出金融科技推动金融业进入智能时代 [J]. 金融电子化, 2017 (7): 12-13.

[69] Miao Miao, Krishna Jayakar. Mobile payments in Japan, South Korea and China: Cross-border convergence or divergence of business models? [J]. Telecommunications Policy, 2016, 40 (2-3): 182-196.

[70] Pai, Girish. What Alibaba Can Teach Us about Omnichannel [J]. Customer, 2014, 32 (8): 12.

[71] Cennamo C, Santalo J. Platform competition: Strategic trade-offs in platform markets [J]. Strategic Management Journal, 2013, 34 (11): 1331-1350.

[72] Boyd D M, Ellison N B. Social Network Sites: Definition, History, and Scholarship [J]. Journal of Computer-Mediated Communication. 2007 (1): 210-230.

[73] Yi Zhao, Dong Li, Liqiang Pan, Chuanxi Qian. Cooperation or Competition: An Evolutionary Game Study between Commercial Banks and Big Data-Based E-Commerce Financial Institutions in China [J]. Discrete Dynamics in Nature and Society, 2015 (1): 8.